Die türkische Bourgeoisie – Ursprung, Entwicklung, Gegenwart

Meral Avci/Wolfgang Gieler (Hrsg.)

Die türkische Bourgeoisie – Ursprung, Entwicklung, Gegenwart

PETER LANG
EDITION

Bibliografische Information der Deutschen Nationalbibliothek
Die Deutsche Nationalbibliothek verzeichnet diese Publikation
in der Deutschen Nationalbibliografie; detaillierte bibliografische
Daten sind im Internet über http://dnb.d-nb.de abrufbar.

ISBN 978-3-631-67390-4 (Print)
E-ISBN 978-3-653-06714-9 (E-PDF)
E-ISBN 978-3-631-70323-6 (EPUB)
E-ISBN 978-3-631-70324-3 (MOBI)
DOI 10.3726/978-3-653-06714-9

© Peter Lang GmbH
Internationaler Verlag der Wissenschaften
Frankfurt am Main 2017
Alle Rechte vorbehalten.
Peter Lang Edition ist ein Imprint der Peter Lang GmbH.

Peter Lang – Frankfurt am Main · Bern · Bruxelles ·
New York · Oxford · Warszawa · Wien

Diese Publikation wurde begutachtet.

www.peterlang.com

Inhalt

Meral Avci & Wolfgang Gieler

Vorwort

Seit dem Regierungsantritt der AKP 2002 unterliegt die Türkei einem ste-
tigen Wandel, nicht nur politisch, sondern auch strukturell. Öffentliche
Megaprojekte mit pompös gefeierten Grundsteinlegungen und Eröffnungen
gehören zum Selbstverständnis der jeweiligen AKP-Regierungen. Dabei
betonen die Regierungsmitglieder stets sowohl ihre zukunftsweisenden
Visionen als auch ihr Traditionsbewusstsein durch die immerwährende
Bezugnahme zur osmanischen Geschichte.

Anschaulich hierfür ist die dritte Bosporus-Brücke, auch bekannt als
die Yavuz-Sultan-Selim-Brücke. Am 29. Mai 2013 startete das türkisch-
italienische Baukonsortium mit deren Errichtung. Vielleicht ist dieses Da-
tum rein zufällig ausgewählt worden. Tatsache ist aber, dass dieser Tag eine
symbolische Bedeutung hat. Denn an diesem Tag vor genau vor 560 Jahren
eroberte Fatih Sultan Mehmet Konstantinopel und besiegelte somit das
Ende des Byzantinischen Reiches.

Die Eröffnung der Brücke am 26. August 2016 hat ebenso eine historische Bedeutung. Der 26. August ist der Jahrestag der Schlacht von
Manzikert. In dieser Schlacht siegten die Seldschuken-Türken über den
byzantinischen Kaiser, als Folge dessen sie in Anatolien einwandern konnten. Angesichts dieser Tatsachen erklärt es sich von selbst, dass die durch
die AKP-Regierungen initiierten Bauwerke historische Bedeutungen dieser
Art reflektieren. So wurden bei der Fertigstellung der Yavuz-Sultan-Selim-
Brücke mehrere Weltrekorde aufgestellt: Zum einen sind die beiden 320
Meter hohen Pylonen, von denen sich jeweils einer auf der europäischen
und einer auf der asiatischen Seite befindet, weltweit einzigartig. Zum anderen ist die Brücke durch ihre vierspurige Richtungsfahrbahn und ihre
zweigleisige Eisenbahnstrecke für Hochgeschwindigkeitszüge die breiteste
Brücke der Welt.

Die politische Rechtfertigung für diese Infrastrukturmaßnahme gab die
Verkehrsbelastung der Istanbuler, die angesichts des verstetigten Verkehrs-
staus ihre Fahrzeiten großzügig berechnen müssen und selbst dann mit
ungemeinen Fahrzeiten konfrontiert waren. Denn ein schon seit längerer

Zeit anhaltendes wesentliches Problem war, dass der Transitverkehr durch Istanbul hindurchführte. Mit der Yavuz-Sultan-Selim Brücke wurde diesem Problem Abhilfe geschaffen: Der Transitverkehr wird nunmehr auf die Brücke umgeleitet, wodurch es zu einer Verkehrsentlastung Istanbuls kommt.

Dagegen fördert die auf der Brücke befindliche Eisenbahnstrecke die Verbindung zwischen mehreren Städten und innerhalb Istanbuls. Denn zusätzlich zu der Beförderung der Fahrgäste zwischen Edirne und Izmir soll sie mit dem Schienenverkehr Marmarays und der Metro Istanbuls verbunden werden, so dass dadurch nicht nur die beiden Flughäfen Atatürk Havalimani und Sabiha Gökcen Havalimani an das Schienennetz angebunden wären, sondern auch der sich seit Sommer 2014 im Bau befindende dritte Flughafen. Über diesen Flughafen wird zudem spekuliert, dass er die weltweit großen Flughäfen wie Frankfurt oder Dubai übertreffen soll. Als im Februar 2015 der damalige Ministerpräsident Ahmet Davutoglu die Flughafen-Baustelle besuchte, betonte er die Beteiligung der türkischen Unternehmer an diesem Projekt. So setzten die Unternehmer in den vergangenen Jahren immer wieder ein Zeichen. Dies zeige den Entwicklungsstatus der türkischen Unternehmer und der türkischen Wirtschaft, so Davutoglu.

Ein Rückblick auf die vergangenen Jahre der türkischen Geschichte zeigt, dass gerade in der AKP-Phase türkische Unternehmer stets im Vordergrund standen bzw. stehen. Es ist aber auch unverkennbar, dass über die Geschichte des türkischen Unternehmers nicht allzu viel bekannt ist. So gibt es zwar beispielsweise Autobiographien und Biographien über den Unternehmer Vehbi Koc, unter anderem geschrieben vom bekannten Journalisten Can Dündar, aber über deren soziale Klasse, also über die türkische Bourgeoisie, ist nicht allzu viel bekannt. Insbesondere fehlt es an einer zusammenhängenden wissenschaftlichen Analyse, die diskutiert, aus welcher Ausgangssituation heraus sich der türkische Unternehmer und damit die soziale Klasse der türkischen Bourgeoisie entwickelt haben.

Deswegen hat sich der vorliegende Sammelband die Beantwortung dieser Frage zum Ziel gesetzt. Er erhebt keinen Anspruch auf Vollständigkeit und den absoluten abschließenden wissenschaftlichen Diskurs dieser Frage. Ganz im Gegenteil hat es sich der vorliegende Sammelband mit seinen einzelnen Aufsätzen zum Ziel gesetzt, einen Diskussionsanstoß zu geben.

Der Sammelband besteht aus insgesamt sieben Beiträgen, die zeitlich die Entstehungs- und Entwicklungsgeschichte der türkischen Bourgeoisie nahezu vollständig abdecken. So startet der Sammelband im Osmanischen Reich und endet in der heutigen Türkei. Um den Lesern zu verdeutlichen, was er hinter dem Begriff „Bourgeoisie" zu verstehen hat, beginnt Martin Schwarz mit einer begriffsgeschichtlichen Auseinandersetzung des Begriffs „Bourgeoisie" bezüglich seiner historischen Einordnung und seinem Diskurs in Europa. Wolfgang Gieler gibt anschließend einen allgemeinen Überblick über die Bourgeoisie im Osmanischen Reich und in der Republik Türkei und grenzt sie von der europäischen Bourgeoisie ab. Fahri Türk und Ahmet Baran Dural grenzen sich zeitlich ein und setzen sich mit der Position und Bedeutung der türkischen Bourgeoisie im Osmanischen Reich auseinander. Von zentraler Bedeutung ist für sie die Periode der Jungtürken. Angesichts des Zusammenbruchs des Osmanischen Reiches und der Gründung der Republik Türkei stellt sich die Frage, ob und inwieweit die Gründer der Republik Türkei die politischen Ambitionen der Jungtürken umsetzten. Dieser Fragestellung stellt sich Meral Avci und thematisiert die staatlichen Maßnahmen und ihre Konsequenzen in den ersten beiden Jahrzehnten nach der Republikgründung. Einen erneuten Umbruch erlebte die Republik Türkei nach dem Zweiten Weltkrieg. Mit dem Übergang vom Einparteiensystem zum Mehrparteiensystem bildete sich die Demokrat Parti, die im Besonderen die Interessen der türkischen Großgrundbesitzer und Handelskaufleute vertrat. Dem darauf aufbauenden Themenkomplex mit der Fragestellung, ob und inwieweit eine politische Kontinuität zur Vorphase des Zweiten Weltkrieges besteht, widmet sich Yasar Aydin. Besonders in den 1980er Jahren war die Folge des politischen Islams in der Türkei die Formierung der konservativ-muslimischen türkischen Unternehmer, dem sogenannten „anatolischen Kapital". Dilek Yankaya setzt sich mit diesem Thema auseinander. Das anatolische Kapital erlangte nach dem politischen Umbruch in 2002 eine enorme Bedeutung. Inzwischen wird es auch „grünes" oder „islamisches Kapital" genannt. Mit dessen Chancen und Herausforderungen zwischen 2002 und 2016 beschäftigen sich Burak Gümüş und Meral Avci.

Martin Schwarz

Bourgeoisie – eine begriffsgeschichtliche Annäherung

Abstract: Today, the meaning of bourgeoisie is mostly dedicated to the writing of Karl Marx. But this term goes far deeper. It is firstly related to the relationship between citizen, society and the state and secondly to the categories education and wealth. In modern politics the bourgeoisie plays a key role in the inevitable balance of the social contract.

Eine Verortung

Die Bourgeoisie ist ein dem Französischen entlehnter Begriff aus dem Zeitalter der Aufklärung, der seinen politischen Bedeutungsgehalt und damit seine Festschreibung erst im Zuge der Auseinandersetzungen um die Herausbildung einer dem modernen Staat entlehnten Bürgerordnung erhalten hat. Einer der Hauptgründe dafür ist darin zu sehen, dass das hier adressierte städtische (Groß-)Bürgertum im Anschluss an die das Ende des absolutistischen Zeitalters des Ancien Regimes markierenden zeitgenössischen (staats-) rechtlichen Funktionsdebatten gleich mehrfach herausmodelliert bzw. überformt wurde. Seine eigentliche Bedeutung erhielt der Begriff während der Industriellen Revolution und hier besonders im Zuge der Auseinandersetzungen um die soziale Frage, ehe er durch die ideologische Verschmelzung mit dem Nationalismus nochmals verändert und im Gefolge der beiden Weltkriege inhaltlich desavouiert wurde. Nimmt man allein diese im Folgenden zu skizzierenden Prozesse, so kann dies einerseits – ganz im Sinne von Ernst Cassirer oder von Jean-François Lyotard – mit dem hier jeweils zugrunde liegenden kulturhistorischen Code, den Defiziten einer allenfalls kursorischen Zeitdiagnose und nicht zuletzt auch mit dem tiefgreifenden Wandel bzw. der Defragmentierung des Elitenbegriffs begründet werden.

Das führt andererseits aber auch dazu, dass das (mitteleuropäische) Phänomen „Bourgeoisie" in mehreren Bedeutungskontexten vorliegt, die sich in ihren Erklärungsmustern und Repräsentationsformen wechselseitig bedingen oder sogar überlagern. Sofern man hier nun von einer Schnittmenge sprechen kann, besteht diese in den durch die Besitzverhältnisse definierten ökonomischen, sozialen und nicht zuletzt auch politischen Interessen einer städtisch geprägten Gesellschaftsschicht, welche sich in dieser Form historisch wie kulturell auf gleich zwei wirkmächtige Begründungszusammenhänge berufen kann. Der *citoyen* als Synonym für den mit politischen Rechten und Pflichten ausgestatteten Staatsbürger, wie auch der *bourgeois* als Angehöriger eines zunächst noch aristokratischen geprägten und später dann mehrheitlich bürgerlichen Patriziats, weisen in den jeweiligen Auseinandersetzungen mit den Privilegien und Lebenswirklichkeiten von Adel und Klerus bis in das Vorfeld der Französischen Revolution und weit darüber hinaus zurück.

Gewerbe, Dienstleistung, Bildung und Besitz wurden dabei zum Kennzeichen einer sich ihrer selbst bewusst werdenden ökonomisch erfolgreichen, kulturell definierbaren und letztlich auch politisch auftretenden Schicht, für die sich ab dem 18. Jahrhundert die komplementären Begrifflichkeiten Bourgeoisie (Frankreich) und (Groß-)Bürgertum (Deutschland) durchsetzten. Bei allen Unterschiedlichkeiten in den jeweiligen zeitgenössischen und kulturellen Interpretamenten gelten sie vor allem als Ausdruck einer spezifischen Werthaltung, die sich in ebensolchen Interessenlagen widerspiegelt, mittels derer sich ihre Repräsentanten signifikant von anderen Bevölkerungsschichten unterscheiden (lassen). Dazu gehört, dass so entscheidende Impulse wie die Renaissance, der Humanismus, die Reformation und schließlich auch die Aufklärung mitsamt den sich anschließenden Revolutionen des 18. Jahrhunderts nicht nur vom Bürgertum – um einmal bei diesem Terminus zu bleiben – getragen, sondern hier eben auch (selbstreflektiv) vorgedacht wurden.

Darüber hinaus suchte und fand das Bürgertum zunächst noch in der Auseinandersetzung mit dem Machtanspruch des Absolutismus, dann im Rahmen einer als Abgrenzung von der städtischen Masse betriebenen innergesellschaftlichen Identitätsfindung und schließlich in der historisierenden Antizipation einer romantisierten Antike immer wieder eigene Stile und Ausdrucksformen. Als Beispiele seien hier nur die Accessoires des Alltages (Möbel, Kleidung), das sich in der Kunst (von der Romantik über den Biedermeier bis zum Historismus) spiegelnde Kulturverständnis sowie die sich aus einer spezifisch bürgerlichen Disposition herleitenden Handlungsweisen und Lebensstile – z.B. der Spaziergang, die Hausmusik oder das Stifter- und Mäzenatentum – genannt. Bedenkt man unterdessen den Bürgerbegriff bei Jean Jacques Rousseau und seine Ausgestaltung etwa in den Federalist Papers, stehen hier gesellschaftliche Kräfte im Fokus, die sich in der intellektuellen Auseinandersetzung mit den Ideen der Aufklärung an der Schwelle zum 19. Jahrhundert formierten und darüber die Identitätsachse Bürgerlichkeit ausprägten. Diese Strukturkategorie erhielt dadurch noch zusätzlichen Auftrieb, dass sie sich mit dem nationalen Streben nach innerer Festigung verbinden konnte, sodass das Bürgermodell erst in den USA und dann in Frankreich als demokratischer Eliten- (citizen) und nicht zuletzt auch als Kampfbegriff (citoyen) zum Tragen kam.

Die sich im Selbstverständnis der Zivilgesellschaft spiegelnden modernen Erscheinungsformen des Bürgertums wären ohne diese Wurzeln respektive das hier angelegte Spannungsfeld zwischen Bürgergesellschaft und Staatsordnung kaum vorstellbar. Das gilt auch und vor allem für das revolutionäre Element dieser Zeit, also die durch den Staat per Verfassung zu garantierende Trennung von Agora und Oikos. Während die solchermaßen verbrieften individuellen Freiheitsrechte der Rechtsfigur des Bürgers in Frankreich an den Staat und in den Verfassungen des Deutschen Bundes an die Staatsräson gekoppelt waren, wählten die USA insofern einen anderen Weg, als hier das staatsbürgerliche Recht, Rechte zu haben, zusätzlich noch durch den pursuit of happiness grundiert wurde. Diese Idee kam erst mit den Schilderungen von Alexis de Tocqueville nach Europa, wo sie sich mit einer Gemengelage aus der gescheiterten napoleonischen Expansion, dem Vormärz, der Paulskirchen-Versammlung und schließlich den durch die Industrielle Revolution ausgelösten gesellschaftlichen Verwerfungen verband. Vor dem Hintergrund der Spannungen zwischen den großen politischen Strömungen des 19. Jahrhunderts – Liberalismus, Republikanismus und Sozialismus – wurde das Gemeinwohl somit zu einem weiteren Bestimmungsfaktor, der zusammen mit der Staatsräsonidee und dem gleichfalls populärer werdenden Nationalgedanken den staatspolitischen Gestaltungsspielraum in den Nachfolgestaaten des „Alten Reiches" dechiffrierte.

Die durch die Bevölkerungsexplosion ausgelöste Vermassung der Städte und das dadurch begünstigte Aufkommen eines sich selbst als Arbeitsklasse wahrnehmenden Proletariates verstärkten diese Effekte noch zusätzlich, zumal sich damit auch die tiefgreifende Verunsicherung im Bürgertum erklären lässt, mit der die Bourgeoisie bzw. die *classe moyenne* als deren

Synonym auf das Aufkommen des Proletariats reagierte. Die Bourgeoisie wurde in der Folge zum Inbegriff einer gesellschaftlichen Hierarchie, innerhalb derer die familiäre Herkunft zumindest im städtischen Milieu durch die Kategorien Bildung, Einkommen und Kultur ersetzt und somit eine gewisse Trennschärfe gegenüber dem Proletariat geschaffen wurde.

Von dem heute viel beschworenen ländlichen Raum ist hier dagegen keine Rede; einmal weil dort die tradierten Lebensformen und Sozialstrukturen im Sinne von Erinnerungsräumen sehr viel länger Bestand hatten und dann auch deshalb, weil die industrialisierte Stadt im Rückschluss auf die Klassiker der Antike den Zeitgenossen nun als Ort der menschlichen Unfreiheit galt.

Der in der Tradition von Henri de Saint-Simon bis Karl Marx stehende Diskurs um die gesellschaftliche Wirkmächtigkeit des Faktors Arbeit reduzierte die Stadt vielmehr auf einen von der Bourgeoisie beherrschten Agglomerations- und Lebensraum des Faktors Humankapital, für den die Antipode Natur in Kunst, Theater und Literatur den Sehnsuchtsort bildete. Die über die städtischen Lebensweisen definierten Einkommens- und Besitzverhältnisse bedingen in der Marx´schen Lesart deshalb die Vergesellschaftung, weil das Bürgertum (bei Marx bekanntlich die Bourgeoisie als Negation der kapitalisierten gesellschaftlichen Elite) gleichzeitig als soziale Einheit und als Träger sozio-ökonomischer Merkmale galt. Ausschlaggebend dafür waren die Steuern und Abgaben, welche die Bourgeoisie aus dem sie kennzeichnenden Vermögen generierte und die ihm über das darauf gründende Zensuswahlrecht den politischen Einfluss gegenüber dem Proletariat sicherten. Bemerkenswerter Weise wurde die so charakterisierte Gesellschaftsschicht alsbald als bewahrende und konservative Kraft wahrgenommen, die sich maßgeblich auf die Pfeiler Staatsräson, katholische Soziallehre und protestantische Sozialethik stützte. Ihre Vertreter (z. B. Adam Heinrich Müller oder Friedrich Julius Stahl) reklamierten die Meinungshoheit über die politischen Schlüsselbegriffe jener Zeit, also Freiheit, Gleichheit, Solidarität, Gemeinwohl und Individualrechte, die sie in der Folge zu einem national aufgeladenen Verfassungspatriotismus kondensierten.

Der darin formalisierte Führungsanspruch des Staates erwies sich für die Bourgeoisie als anschlussfähig, weil sich deren Mitglieder als Gleiche unter Gleichen durch ihre politischen Partizipationsmöglichkeiten an der Herrschaft selbst verwirklichen konnten und nicht wie das Proletariat auf den

Staat als Umverteilungsautomaten mitsamt Erziehungsfunktion angewiesen waren. Ungeachtet dessen war diese Gesellschaftsschicht keineswegs homogen, wie der sich seit dem 15. Jahrhundert erst im französischen und seit der Mitte des 19. Jahrhunderts dann auch im deutschen Sprachgebrauch etablierende Begriff des Bohèmes anzeigt. In der kultur- wie sozialkritischen Auseinandersetzung mit der Bourgeoisie relativierte die Bohème (man denke hier nur an Toulouse Lautrec oder Ferdinand Lasalle) das Rousseau'sche Kontraktverhältnis mitsamt seinen konventionellen Bindungen. Die Betonung lag vielmehr auf einer unbürgerlichen Lebensweise und einem habituellen Lebensstil mit libertären, ja antiautoritären, und sozialutopischen Elementen, die in der Auseinandersetzung mit der Lebenswirklichkeit des Proletariats weiterentwickelt wurden.

Angesichts einer sich zunehmend arbeitsteilig organisierenden Gesellschaft, deren ökonomische Leistungssteigerungen mit der Verarmung des Proletariats einherging, mündeten die immer greifbareren ökonomischen Gegensätze in den 1860er bis 1870er Jahren in der Gründung von Arbeitervereinen und Gewerkschaften und damit in der Polarisierung der politischen wie konfessionellen Kräfte. Das deutsche Kaiserreich reagierte darauf einerseits abwehrend in Form des Kulturkampfes (1871–1887, gegen den politischen Katholizismus) und des Sozialistengesetzes (1878–1890, gegen die Sozialdemokratie) und andererseits vereinnahmend mit der Bismarck'schen Sozialgesetzgebung (1883–1893), also mit der Gründung des modernen Sozial- und Wohlfahrtsstaates.

In der Lesart eines Herbert Spencer (1820–1903) und anderer Vertreter des sogenannten Naturalismus waren dies nichts anderes als die Kennzeichen einer Gesellschaft im Wandel, die sich ihrer notwendigen Binnendifferenzierungen erst noch bewusst werden musste. In der Verschmelzung mit dem Nationalismus und dem Kommunismus als den zum Ende des 19. Jahrhunderts zentralen Ideologieformen, führte diese Entwicklung aber auch in die großen Konflikte und Tragödien des 20. Jahrhunderts. Der Obrigkeitsstaat des Wilhelminischen Zeitalters hatte mit der in der Aufklärung postulierten Ebenbürtigkeit von Krone und Untertan nur noch wenig gemein. Der Bürger war in der zeitgenössischen Staatslehre zwar immer noch Mitträger der Souveränität, aber längst Teil auch eines Untertanenverbandes, der die sich aus der Kombination von Gemeinwohl und Staatsräson ergebenden Leistungen des politischen Systems – die der Nationalsozialismus an die Rasse und der Kommunismus an das Kollektiv band – mit Gehorsam gegenüber der Regierung quittierte.

Vielleicht gerade weil sich hieraus Rückschlüsse auf die Qualität der Legitimitätserfordernisse staatlicher Regulierungen ziehen lassen, wurde die von der Bourgeoisie behauptete „Fähigkeit sich selbst zu regieren und auch regiert zu werden" angesichts einer sich nach den Erfahrungen der beiden Weltkriege zunächst entpolitisierten Öffentlichkeit zur Schlüsselqualifikation moderner Demokratien.

Für Almond/Verba sind es folgerichtig auch nicht mehr die Bürger und das Bürgertum, die im Fokus stehen müssen. Sie verdeutlichen vielmehr, dass es um die konflikttheoretischen Verteilungsmuster sämtlicher Orientierungen einer Bevölkerung gegenüber dem politischen System als Summe aller Institutionen gehen muss, um eine qualifizierte Aussage über die Leistungsmuster des politischen Systems machen zu können. Die Voraussetzung dafür bleibt aber das Wissen des bzw. der Einzelnen (also dann doch der/des Bürgerin/s) über die Existenz und die Funktionen der Willensbildungs- und Mitbestimmungsstrukturen, wodurch sich das Individuum ein Bewusstsein für seine Rechte und Pflichten (als politische Kompetenz) aneignet. Im Fokus der modernen Analyse steht somit nicht mehr das vermeintliche Klassenbewusstsein einer seit dem Zweiten Weltkrieg ohnedies defragmentierten bourgeoisen Schicht, sondern die Einstellung des einzelnen (Staats-) Bürgers, die seit den 1980er Jahren von den Cultural Studies als Indikator für die demokratische Stabilität eines politischen Systems ausgemacht wurde. Während also die Bourgeoisie in der Betrachtung wieder an Kontur verliert, rückt der Bürger verstärkt in den Fokus, was im Folgenden näher betrachtet werden soll.

Vom Bürger zum Bürgertum

Der von Aristoteles im 3. Buch seiner Politik charakterisierte polites der griechischen Polis bezog sich ähnlich wie der civis Romanus der römischen Antike auf eine verfasste Bürgerschaft, in der die Teilhabe am Regieren ein sich aus der Zugehörigkeit zur Lebensform Stadt ergebendes (Geburts-) Privileg einer spezifischen Gesellschaftsgruppe darstellte. Demgegenüber stellte der Bürger des Mittelalters eine völlige Neukonfiguration dar, da der Begriff an sich durch den Untergang Roms seine rechtsförmige Bezugsquelle verloren hatte und sich die Stadt – damit auch ihre Be- bzw. Einwohner – in Folge dessen in politischer und sozio-ökonomischer Hinsicht gewissermaßen neu erfinden mussten.

Von daher ist die heutige Rechtsfigur des Bürgers nicht nur eng mit dem sich seit dem 10. Jahrhundert abzeichnenden Aufstieg der Städte zu Marktplätzen und Handelszentren verbunden. Vor dem Hintergrund der zunehmenden politischen Auseinandersetzungen musste sich die Burg bzw. befestigte Stadt – von mittellat. burgus über got. baúrgs zu ahd. burgara und mhd. burc – auch als Schutz gewährender und herrschaftlich abgesicherter Friedensbezirk behaupten. Infolgedessen verwundert es nicht, dass sich der Begriff des Bürgers als Synonym für den Träger städtischen Lebens entlang der Haupthandelsrouten – genauer: Rhein und Donau – rasch verbreitete, zumal er an das spätlat. burgarius anknüpfen konnte, das ahd. zu burgliute und mhd. zu burger wurde.

Während sich nun im deutschen Sprachraum der Bürger bzw. analog dazu in England der citizen/freeman manifestierte, bildete sich im Frankreich des 11. Jahrhunderts der an ältere Traditionen anknüpfende Spannungsbogen zwischen dem ländlichen (cives, seltener pagenses) und dem städtischen bzw. urbanen Lebensraum (bourgois, citoyen oder citadin) heraus.

Meinte der Erstere ein rein nachbarschaftliches, nicht auf (natürliche) Personen bezogenes Verhältnis, spezifizierte der Letztere die Angehörigen eines rechtlich geschlossenen und berufsständischen (Schwur-)Verbandes nach dem Vorbild der oberitalienischen Städte bzw. der Bodenseeregion. Als solcher passte er aber nicht so recht in die zeitgenössische, ständisch gegliederte feudale Welt- und Staatsordnung des Heiligen Römischen Reiches und wurde daher lange Zeit von den Landesherrschaften strikt abgelehnt. Als Teil der bürgerlichen Gesellschaft (societas civiles) verfügte der Bürger hier zwar schon über gewisse weltliche Rechte (potestas secularis), die interessanterweise eng an das weitaus ältere Königsheil gebunden waren. Diese Bürgerrechte aber wurden bis zum Zeitalter der Reformation durch das Kirchenrecht (potestas sacra) dominiert, weil die Rechtsstellung der Städte in der Konstruktion des Alten Reiches bis zu dessen Auflösung 1806 so überaus schwach ausgeprägt war und von daher nur wenig zur Ausgestaltung der Bürgerrechte an sich beitragen konnte.

In der Konsequenz standen sich damit zwei ältere Traditionslinien gegenüber, die nun in der Figur des Bürgers dergestalt verschmolzen, als dass dieser eine räumliche, auf die Burg bzw. Stadt bezogene, und eine personale, mit spezifischen Rechten (Privilegien) ausgestattete Identität annahm. An der Schnittstelle von Königs-, Stadt-, Zunft- und Gilderecht sowie kaufmännischem Handelsrecht wurde der Bürger als solcher folgerichtig durch den Besitz von Haus und Grund in der Stadt konfiguriert. Eine Teilhabe an den etablierten und von dem städtischen Patriziat wie dem Klerus dominierten Herrschaftsstrukturen war damit aber ausdrücklich noch nicht verbunden, selbst wenn der *burgara* bzw. burger seit dem 13. Jahrhundert in den zeitgenössischen Quellen mitunter als Delegierter zu den Reichs- und Landtagen in Erscheinung trat.

Angesichts des Neben- bzw. Gegeneinanders von weltlicher und geistlicher Gerichtsbarkeit und Rechtsprechung sowie der Heterogenität des *burgara* – der sich je nach Stadt(recht) auf Kaufleute, Angehörige der Handwerks- und Gesellenverbände sowie zuweilen auch auf Mitglieder des Patriziats beziehen konnte – fehlte die Basis für ein konstituierendes Bewusstsein. Ausschlaggebend dafür war die Konkurrenz dieser Gruppen untereinander um die Teilhabe am Stadtrecht, wofür sie eigene Organisationsformen, wie etwa die Gilde, die Zunft oder die Bruderschaft hervorbrachten, während sie sich gleichzeitig gegen die fürstliche Landeskirche zu behaupten und die ihnen im Augsburger Religionsfrieden (1555) zugestandene Autonomie zu erhalten suchten. Von einer identitär ausgeprägten sozialen Schicht, die sich im Rahmen des politischen Settings und ganz im Sinne des homo politicus ihrer selbst bewusst wird, konnte also keine Rede sein. Stattdessen entwickelte sich jener ökonomisch-rational denkende Mensch, der in seinem Handeln durch das sich aus christlichen wie weltlichen Quellen speisende Gemeinwohl kontrastiert wurde und der sich als Bourgeois, also auf der Grundlage seiner ökonomischen Verhältnisse, aus seinem Rechtsstatus als Untertan zu lösen vermochte. Die großen Kaufmannsfamilien wie die Welser und die Fugger für das „Alte Reich" oder die Sforza und die Medici für Oberitalien und Frankreich, verkörpern diesen Typus nahezu sinnbildhaft. Dafür aber musste erst eine ganze Reihe von Faktoren zusammentreffen, die grob in die folgenden, sich gegenseitig bedingenden und zum Teil auch überlagernden Wirkungskreise einzuteilen sind, ohne dass eine solche Zusammenfassung den Anspruch auf Vollständigkeit hätte:

Unter den Bedingungen der Landfriedenbewegung (ab dem 11. Jahrhundert) und der europäischen Expansion (ab dem 15. Jahrhundert) nahmen der Handel zwischen den Städten und der Bevölkerung in den Städten exponentiell zu. Im Kontrast dazu stehen die zahlreichen politischen wie sozialen Krisen jener Zeit, die wie die Pestjahre (1347–53) und die Bundschuhbewegung (1493–1517), wie die Lehren von John Wyclif (1330–1384) oder Jan Hus (1370–1415) oder wie die Türkenkriege (1453–1683) die etablierte(n) Ordnung(en) erschütterten. An der Schnittstelle, die eher vage durch die Epoche der Renaissance abgesteckt wird, kam es zum Wandel der städtischen Lebensstile (mitsamt der Abkehr von der bäuerlichen Sozialordnung) und zur Formulierung der städtischen Freiheitsrechte, also letztlich zur Herausbildung einer spezifisch städtischen Kulturerfahrung.

In der Konsequenz der Bibelübersetzung (1522 bzw. 1534) durch Martin Luther und der darauf folgenden Reformation, wurde die mittelalterliche Verbindung von geistlichem und weltlichem Frieden aufgehoben, indem letzterer in der Zeit des Überganges vom 15. zum 16. Jahrhundert zur Angelegenheit einer weltlich begründeten Gerechtigkeit erklärt wurde.

Im Rückgriff auf die schon bei Marsilius von Padua (1275–1342) greifbare Idee der (Volks-)Souveränität, die wie die bürgerliche Mystik eines Meister Eckharts (ca. 1260–1328) zu den Wurzeln von Humanismus und Renaissance gezählt werden muss, rückte mit den Sechs Büchern über den Staat von Jean Bodin (1576) der (früh-)moderne Staat in den Vordergrund. Er allein ist das geeignete Instrument, um die zahlreichen Religions- und Bürgerkriege des 16. und 17. Jahrhunderts zu beenden und manifestiert sich in der Person des gesalbten Königs. An der Spitze des französischen (Zentral-)Staates stand somit der schon für Thomas Hobbes maßgebliche – weil den aus dem Naturzustand resultierenden Bürgerkrieg beendende – unabhängige und mit den notwendigen, legalen, Machtmitteln ausgestattete absolutistische Herrscher. Seine Legitimität fußte darauf, dass er den Geboten Gottes, den natürlichen Gesetzen und den grundlegenden politischen Herrschaftsinteressen Folge leistete. Kraft seiner Souveränität war der König also nicht mehr länger nur göttlicher Christ-König, sondern auch manifestierter Menschensohn auf Erden und als solcher die alles einende und mit den (Herrschafts-) Insignien versehene Quelle des Rechts.

Dadurch, dass der Bürger bei Jean Bodin (1530–1596) nun als Untertan in ein hierarchisches Herrschaftsverhältnis eintrat und dafür den Rechtstitel eines bourgeois empfing, wurde der einzelne Bürger auf der Grundlage des res publica und der summa potestas zum Mitglied, nicht aber zum Repräsentanten des Staates. Den *citoyen* als politischen Träger von Staat und Gesellschaft suchte man hier also vergeblich, was durchaus dem Stand der Zeit entsprach, wie ein Blick in das Alte Reich zeigt. Hier wurde die Sichtweise Bodins vor allem aus zwei nur scheinbar gegensätzlichen Beweggründen abgelehnt. Zum einen konnte sich die ständische Lebenswelt im Alten Reich sehr viel länger gegen den Absolutismus und seine zentralstaatlichen Tendenzen behaupten. Zum anderen lehnte die Reichspublizistik, hier etwa Samuel von Pufendorf mit seinem De officiis hominis et civis (1673), das Alte Reich als Träger einer spezifischen Kultur ab, da es gemäß der im Zuge der Renaissance gültigen und wieder an Aristoteles geschulten Lehrmeinung keinen spezifischen Staatscharakter haben konnte. In einem solchen Gebilde ist der Mensch zwar zur Kultur befähigt und kann somit den Naturzustand zugunsten einer Vergesellschaftung aufgeben. Aber eigene (politische) Rechte waren damit nicht verbunden.

In Folge dessen musste die rechtsförmige Begründung des Bürgers über einen anderen Weg erfolgen: Die sich berufsständisch organisierende Bürgerschaft profitierte von der sich im Zuge des Merkantilismus bzw. des Kameralismus (ab dem 16. Jahrhundert) herausstellenden Abhängigkeit zwischen Krone und Bürgertum, weil sich ein auf den Lebensraum Stadt bezogener und in wirtschaftlicher, sozialer, rechtlicher und schließlich auch politischer Hinsicht auf Selbstbestimmung und Freiheit abzielender Gesellschaftsverbund formierte.

Im Spannungsverhältnis zwischen katholischen und protestantischen Reichsstädten, in der Auseinandersetzung mit den wirtschaftlichen Aspekten des Calvinismus und auf der Basis der protoindustriellen Innovationskraft des nordfranzösischen, wie des niederdeutschen Wirtschaftsraums, entstanden entlang von identitätsstiftenden Merkmalen wie den auf Gegenseitigkeit beruhenden, dabei aus dem Lehnsrecht hergeleiteten, Treue-, Rache- und Hilfspflichten die ersten Einrichtungen der städtischen Selbstverwaltung inklusive des (Geschworenen-)Gerichtswesens. Beides diente dem sich formierenden Bürgertum nun als Rechtfertigungsbezug für die gegenüber der Stadtherrschaft erstrittenen bzw. gewährten bürgerlichen Freiheitsrechte, die nicht nur in der Befreiung von stadtfremden Untertanenpflichten (z. B. Heiratszwang, hof- und leibrechtliche Abgaben, Wehrdienst, Steuerpflicht und Gerichtsbarkeit) bestanden, sondern die Stadt als autonomen Rechtskreis mit dem Bürger als Rechtsadressaten greifbar werden ließen.

In dem Maße, wie die adeligen Lebensformen des städtischen Patriziats unter dem Eindruck des durch die Reformation forcierten Wertewandels in ihrer formal-ästhetischen Bedeutung erstarrten, suchte und fand das Bürgertum neue Ausdrucksformen unter anderem in der öffentlichen Inszenierung als Stifter und Mäzene sowie in der sich für bürgerliche Juristen öffnenden Beamtenlaufbahn, inklusive der bis Ende des 18. Jahrhunderts dem Adel vorbehaltenen Leitungsfunktionen.

In Ergänzung zu den bisherigen, rein ökonomischen, Aufstiegsperspektiven boten sich somit über den Zugang zu den Universitäten neue Betätigungsfelder, die mit dem sich seit dem 16. Jahrhundert herausbildenden (prä-)modernen Natur- und Staatsrecht dergestalt korrespondierten, dass sich per Gesellschaftsvertrag sowie entlang der Legitimitätsfragen von Macht und Herrschaft ein spezifisch neuzeitlicher Bürgerbegriff herausbilden konnte. Wie sehr diese Entwicklung die etablierte Ordnung veränderte, zeigt paradigmatisch der Leviathan (1651) von Thomas Hobbes, in dem dieser eindringlich vor den divergierenden Interessen und Forderungen des sich bereits abzeichnenden Bürgerbundes von Freien und rechtlich Gleichen warnte. Angesichts der tiefen und langwierigen Staatskrise in England barg der von Aristoteles skizzierte und von allen Herrschaftsverhältnissen befreite, dabei allein dem Recht unterstehende, *polites* für Hobbes unkalkulierbare Gefahren, sobald es um die Bestimmung von so zentralen Fragen wie z. B. die des *public/common good's*, mithin die Abwägung von politischem Kalkül gegen politische Moral und damit die Ordnung in Staat und Gesellschaft, ging.

Eine solche Konstellation musste Hobbes als Bedrohung der Autorität des als Garanten gegenüber dem Naturzustand fungierenden absolutistischen Staates dechiffrieren. Umso bemerkenswerter ist es also, dass das englische Königreich mit der „*Glorious Revolution*" (1688/1689) und der in diesem Kontext verabschiedeten *Bill of Rights* einen wichtigen Schritt in Richtung der *Déclaration des droits de l'homme et du citoyen* (1789) unternahm. Mit dem starken Staat eines Thomas Hobbes konnten die englischen Utilitaristen, wie etwa David Hume (1711–1776), in der Folge nur noch wenig anfangen, setzten sie doch auf die Freiheitsrechte der Bürger, die sie durch das ökonomische Potential des freien Wettbewerbs grundiert sahen. Die eigentliche Erkenntnis war aber, dass der Bürger gegenüber der staatlichen Obrigkeit mit Privilegien ausgestattet werden musste, um ihn in seiner Bürgerlichkeit vor der Allmacht des Staates zu schützen.

In der Reaktion auf das vor allem in Frankreich und in England erfolg-reiche Modell des Territorialstaates sowie auf die ökonomischen wie sozia-len Veränderungen, die durch die sich herausbildenden Staatswirtschaften bedingt bzw. beschleunigt wurden, kam es somit ab den 1750er Jahren zu einer bemerkenswerten Verschiebung in der Ausdeutung der Begriff-lichkeiten entlang der Interpretamente Nation, Bürger und Untertan. Fest-machen lässt sich dieses an der von den Vertragstheoretikern im Zuge der Aufklärung geführten Diskussion über den staatlichen Schutzauftrag gegen-über dem Eigentum, dem Privaten, der Gleichheit und nicht zuletzt auch der individuellen (weil privaten) Freiheit, die wiederum mit der Loyalitäts-pflicht des Bürgers gegenüber dem Staat korrespondierte bzw. diesen trans-zendierte. Man darf bei alle dem nicht übersehen, dass diese Diskussion auch deshalb geführt wurde, weil der „Dritte Stand" – und mit ihm das Bürgertum – durch den Absolutismus rechtlich wie politisch weitgehend bedeutungslos geworden war. Folgerichtig schlug Jean-Jacques Rousseau in seinem Émile (1762) vor, den schon gebräuchlichen Begriff des *citoyens* – also des Bürgers im Staatssinne – wegen der unklaren Rechtsausstattung zu streichen und durch den Begriff des *bourgeois* zu ersetzen, der weder ganz *homme* noch ganz *citoyen*, sondern eben ein politisch wie rechtlich weitgehend unmündiger, dafür aber ökonomisch orientierter, Untertan sei. In diesem Sinne notierte Diderot in seiner *Encyclopédie* analog zum *Dic-tionnaire der Académie Française*, dass es jenseits von Adel und Militär-stand in den französischen Städten zwar viele *bourgeois*, also Angehörige der städtischen Oberschicht, dafür aber nur wenige *citoyen* gäbe.

Diese Sichtweise sollte sich erst unter dem Eindruck der Revolutionen in den USA und in Frankreich sowie der dadurch angestoßenen *Déclaration des droits de l'homme et du citoyen* grundlegend ändern. In dem Maße, wie sich der dem citoyen entlehnte Staatsbürger gegenüber der absolutistischen Obrigkeit emanzipierte und dafür im Zuge dieser Revolutionen mit po-litischen bzw. bürgerlichen Freiheitsrechten ausgestattet wurde, verdichtete sich im Umkehrschluss das Bild des *bourgeois* als Angehörigen einer nicht-aristokratischen und nicht-klerikalen, dafür aber durch Vermögensumstän-de charakterisierten Gesellschaftsschicht. Während sich die Angehörigen der breiten Masse der Unselbständigen im Zuge der Revolution durch Kleidung, Sprache und eine neue Zeitrechnung als Sansculottes zu erkennen gaben, bestimmten sich die politischen Rechte bzw. das soziale Kapital des Bourgeois in erster Linie durch die Höhe seiner Steuerabgaben. Beide, *citoyen* wie *bourgeois*, waren aber zugleich auch Teil der französischen Staatsnation, die sich – ein Novum für die damalige Zeit – über die seit 1793 gültige Verfassung definiert.

Durch die legale Setzung von Gesellschaft, Legitimität und Partizipation wurde das Konzept in der Folge nicht nur für die Autoren der Federalist Papers in den USA, sondern auch für die Nationalstaatskonzepte in Mitteleuropa als universelles Fortschrittskonzept anschlussfähig. Das ist umso bemerkenswerter, da es wegen der kulturellen Dominanz des Französischen im vorrevolutionären Europa des 18. Jahrhunderts gerade im deutschen Sprachraum keine inhaltliche Analogie zu dem Gegensatzpaar bourgeoisie/ peuple bzw. prolétaire oder zu den Begrifflichkeiten bourgeois und citoyen gab. Zwar entschied auch jenseits des Rheins der Besitz über die Reichweite der politischen Teilhaberechte, sodass Besitzlose, also das Proletariat, konsequent von der politischen Bühne ausgeschlossen blieben. Ausschlaggebend war aber der Umstand, dass eine sprachliche Entsprechung für das zugrunde liegende politische Interesse – im Französischen durch den Spannungsbogen zwischen intérêt/morale und esprit angezeigt – schlicht fehlte. Da es kein öffentliches Bewusstsein für die rationale Intention und den normativen Nutzen von Politik gab, wie es etwa Francis Hutcheson (1694–1746) für das englische Bürgertum unterstellt hatte, konnte es auch keinen Niederschlag in dem von Johann Christoph Adelung herausgegebenen *Grammatisch-kritischem Wörterbuch der hochdeutschen Mundarten* (1811) finden.

In Frankreich wurde sich das Bürgertum indessen seiner selbst und damit seiner gesellschaftlichen Rolle zunehmend bewusst, gerade weil die Vertreter der Aufklärung auf der Basis der Gleichung Bürger = Mensch zwischen dem Gemeinwohl als Ausdruck des öffentlichen (staatlichen) Interesses und der Selbstliebe als privatem Interesse differenzierten. Im Unterschied dazu entzündet sich der akademische und später auch öffentliche Diskurs im „Alten Reich", angefacht durch die Wirkmächte der Aufklärung, an der Frage, ob es eine Unterscheidung zwischen dem Staats- (der Untertan als Patriot) und dem vermögenden wie gebildeten Privatbürger (als ungebundenem, freien Kosmopoliten) geben könne, der sich ganz bewusst gegen seine Untertanenrolle stellt und dabei seine in ihrer Reichweite noch zu interpretierenden Freiheitsrechte ertastet, aber eben noch nicht bewusst einfordert. Während sich etwa Alexander von Humboldt (1769–1859) als Naturforscher und Entdeckungsreisender betätigte, kann sein Bruder Wilhelm (1767–1833) mit seinen Ideen zu einem Versuch, die Grenzen der Wirksamkeit eines Staates zu bestimmen (1792) geradezu als kosmopolitischer Prototyp gelten.

Unter dem Eindruck der Unabhängigkeitserklärung der USA (1776) und der Französischen Revolution (1789) sowie angesichts des ökonomischen Aufschwungs, den der Wirtschaftsliberalismus englischer Prägung zu generieren vermochte, wurde der Diskurs über die Gegensatzpaare Bürger/Untertan und Stadt-/Standesbürger durch die auch in der Spätphase des „Alten Reiches" populären Forderung nach der sich auf die Freiheit des Individuums berufenden Nation überformt. Als Bezugspunkte dafür galten spätestens seit Immanuel Kants Grundlegung zur Metaphysik der Sitten (1785) bzw. seiner daran anknüpfenden Reflexionen zur Rechtsphilosophie (1785/88) und der hier formulierten Theorie vom Rechtsstaat die naturgegebenen Rechte des Menschen, die es nunmehr in die schon bestehenden bürgerlichen Rechte in der Sphäre des Privat- und des Steuerrechtes einzubinden galt, um sie auch inhaltlich abzusichern. Bis zu der in den Reflexionen zur Anthropologie (1792/94) angelegten Schlussfolgerung, dass der *citoyen* nur dann als Staatsbürger denkbar ist, wenn er mit Stimm-, Wahl- und Eigentumsrechten ausgestattet sei, war es dann nur noch ein kleiner Schritt.

Dies floß ebenso in das politische Programm des Vormärzes ein, wie die Auflösung des „Alten Reiches" (1806) oder die Erfahrungen der Befreiungskriege (1813–15) gegen Napoleon, wie das Rotteck'sche Staatslexikon von 1839 exemplarisch zeigt. In diesem Umfeld nahm nun das von Johann Gottfried Herder in seinen Ideen zur Philosophischen Geschichte der Menschheit (1784–1791) angelegte Konzept des Nationalbewusstseins erstmals konkrete Formen an: Ohne das historische Bewusstsein einer Nation und ohne eine einheitliche Sprache konnte das seit der Frühmoderne aufscheinende Territorialkonzept des Staates inhaltlich nicht gefüllt werden. Folgerichtig wurde der Bürger deshalb zum Angehörigen einer Nation, weil es nun eine gemeinsame Volkskultur, bestehend aus gemeinsamen Traditionen und Gemeinsamkeiten in der Siedlungs- und Erziehungsweise, gab. Der solchermaßen definierte Bürger teilte aufgrund der Abhängigkeit vom gleichen Boden (Ernährung), sowie qua Abstammung, Heirat und Wohnstätte die gleichen und zumeist lokal bestimmten Erfahrungen, die er per Sprache und Schrift mitteilen konnte.

Herder figurierte somit nicht weniger als einen Nationalstaat, der zum einen durch die Konkurrenz zwischen Staats- und Kulturnation geformt wurde und zum anderen als politisch verfasstes Gemeinwesen aus freien Bürgern – sozusagen als Vereinigung aus Geist und Wirtschaft – bestand, die sich zu diesem Zweck mit dem verbürgerlichten Adel zusammenschlossen. Aus dieser Synthese ging in Großstädten wie Berlin, Paris oder London ein hochkapitalisiertes und individualistisches Bürgertum hervor. Dessen Vertreter wussten sich insbesondere im Deutschen Bund dadurch einzurichten, dass sie die staatlich gelenkten Reformvorhaben – in Preußen vor allem die Stein-Hardenberg'schen Projekte – mittrugen und gegenüber dem Proletariat durchsetzen halfen. Mit der sich dem Bürgertum annähernden Lebensweise von Friedrich Wilhelm III. (1770–1840) und mehr noch mit dessen Versprechen einer Verfassung (1815) schien sich die Idee von einer Verbürgerlichung des Staates zu erfüllen, zumal das Bürgertum hierin die Anerkennung für seine Leistungen in Wirtschaft, Wissenschaft und Kunst sowie für die erbrachte Loyalität gegenüber der Restauration nach 1815 zu erkennen glaubte.

Das Recht auf staatliche Mitbestimmung seines Schicksals sollte sich dabei nicht nur auf die städtische bzw. akademisch gebildete Oberschicht, sondern auf der Basis der Staatsräson auch auf das durch die langen Kriege wirtschaftlich verelendete Mittel- und Kleinbürgertum sowie auf die durch die Bauernbefreiung entwurzelten Kleinbauern erstrecken. Als Basis dafür bot sich die im Zuge des ersten Wartburgfestes (18.10.1817), aus Anlass des 300. Reformationstages und des 4. Jahrestages der Völkerschlacht von Leipzig, von protestantischen Studentenverbindungen formulierte Forderung nach der Überwindung der Kleinstaaterei und der Etablierung eines deutschen Nationalstaates an. Dessen Ausbleiben und mehr noch die deutliche Absage an politische Mitspracherechte führte in Verbindung mit den Erfahrungswerten der französischen Julirevolution (1830), dem polnischen Novemberaufstand (1830/31) sowie der belgischen Revolution (1830/31), zum Hambacher Fest (27.05.-01.06.1832) und damit zum Höhepunkt der bürgerlichen Opposition an der Schwelle zum Vormärz. Von daher fand der 1834 durch David A. List ins Leben gerufene Deutsche Zollverein auch deshalb so großen Anklang im Bürgertum, weil er eine Reihe neuer ökonomischen Betätigungsfelder im produzierenden Gewerbe, im Bankenwesen und im Handel eröffnete.

Damit wurde das Bürgertum zum Träger der deutschen Einheitsbewegung und des Liberalismus, der sich gegen die auf die Restauration setzenden konservativen Kräfte wandte und in der akademischen Welt – z. B. die Göttinger Sieben – seine maßgeblichen Fürsprecher fand. Das Scheitern der Paulskirchenversammlung und damit der Revolution von 1848 setzte all dem jedoch ein jähes Ende. Fortan galt die Staatsräson als Richtschnur der Politik und damit der politischen Ordnung, der sich der Bürger unterzuordnen hatte. Abgesehen von der Salonkultur, von den gelehrten Gesellschaften und den zuweilen als Laboratorien der Egalität fungierenden Clubs hatte die Bourgeoisie weder an der Einigung Deutschlands noch an der Reichsgründung durch Otto von Bismarck einen entscheidenden Anteil. Sie konzentrierte sich vielmehr auf die ökonomischen Gestaltungsmöglichkeiten und Wachstumspotentiale, die mit der Industrialisierung einhergehen und die den Ausgangspunkt für die bekannten deutschen Unternehmerdynastien wie die Familien Krupp, Thyssen (beide Stahl) oder Haniel (Handel) bildeten. Während sich die Bourgeoisie mit den Verhältnissen arrangierte, formierten sich im Proletariat die ersten (politisch) aktiven Arbeiter-Vereine und Gewerkschaften. Deren Wettbewerb untereinander und mit den anderen politischen Kräften im Kaiserreich (z. B. mit der Zentrumspartei) gilt zwar als Ausgangspunkt für die Massenbewegungen des 20. Jahrhunderts. Eine innere Verbundenheit mit der von der Dolchstoßlegende, der Währungsinflation und der Weltwirtschaftskrise überschatteten Weimarer Republik können aber auch sie nicht herstellen.

Gerade weil die Weimarer Republik scheiterte, gelang es in der Folge den aufkommenden nationalistischen Kräften den Sozialstaat und sein durch das Zusammenspiel von kirchlichen Soziallehren, Wohlfahrtsverbänden und Arbeiterbewegungen konstituiertes Leistungsportfolio für die eigenen Zwecke zu instrumentalisieren. Im Ergebnis wurden die Trennlinien zwischen Bourgeoisie und Proletariat aufgehoben. Damit stellt sich die Frage, inwiefern die Bourgeoisie als gesellschaftliche Elite, die das „Dritte Reich" und den Zweiten Weltkrieg zumindest mitgetragen, zum Teil sogar aktiv gefördert hat, nach 1945 und angesichts der gesellschaftlichen Fragmentierungen überhaupt noch greifbar war. Norbert Elias hatte mit Blick auf das „Dritte Reich" schon 1939 die beiden für die Bourgeoisie wirkmächtigen

Faktoren Politik und Kultur zu Antagonismen erklärt und das national bestimmte Kultur- und Selbstbewusstsein an die Zivilisation gebunden.

Wie aber sollte nach 1945 die Akzeptanz und die Tragfähigkeit der Werteordnung einer Verfassung bestimmt werden können, wenn sich der ursächliche Zusammenhang zwischen der funktionalen Stabilität demokratischer Systeme und der politischen Kultur eines Landes – hier: der Bourgeois und Staatsbürger – selbst desavouiert hatte? Die Bourgeoisie europäischer Prägung mitsamt ihrer national grundierten, vom Patriotismus durchdrungenen Lebensweise, ihren ästhetischen und ethischen Maßstäben sowie ihren materiellen Erscheinungsformen und sozialen Praktiken schien sich selbst überlebt zu haben. Folglich erarbeitete das Birmingham Centre for Contemporary Cultural Studies in den 1960er Jahren ein bedeutungs-, wissens- und symbolorientiertes Kulturverständnis, das den etablierten Klassenbegriff um die Kategorien Ethnizität, Jugend, Subkulturen und Gender erweiterte. Von einer Unterscheidung zwischen Bourgeoisie und Proletariat ist hier keine Rede mehr, zumal sich die beiden Lebenswelten ab den 1960er Jahren zunehmend auflösten und allenfalls noch aus ideologischen Gründen der elitären Studentenbewegung als Bezugsrahmen dienten. Ironischerweise waren es die Sozialreformen in der Zeit der soziallLiberalen Koalition erst unter Willy Brandt und dann unter Helmut Schmidt, die in Verbindung mit der Demokratisierung des Bildungssystems die klassischen Milieus aufbrachen.

Dazu kommen längst auch die Effekte der Globalisierung, in deren Zug die noch verbliebenen Industriearbeitsplätze hinterfragt und sich unter dem Eindruck der Digitalisierung der Lebensverhältnisse der Dienstleistungsgedanke durchsetzt. In Anlehnung daran geht die moderne Elitenforschung von einzelnen, miteinander konkurrierenden funktionalen Teileliten aus, die an der Spitze der maßgeblichen gesellschaftlichen Bereiche – von der Verwaltung über die Justiz bis zu Militär, Medien und Wissenschaft – stehen. Der Zugang zu diesen Teileliten ist im Prinzip offen. Sozial ausgerichtete und am Gerechtigkeitsprinzip orientierte staatliche Mechanismen sollen für Durchlässigkeit und Karrierechancen sorgen. Der moderne Sozial- und Wohlfahrtsstaat ist zu einem entscheidenden Faktor bei der Formulierung des gesellschaftlichen Friedens geworden, während die Bourgeoisie zumindest im Rahmen der Politik und einmal abgesehen von der sich an das Mäzenatentum früherer Tage anlehnende Charity-Wesen heute kaum noch präsent zu sein scheint.

Fazit

Die hier angestellten kursorischen Reflexionen zum Begriff der Bourgeoisie haben vor allem eines gezeigt: Die Setzung der Bourgeoisie als Kampf-begriff gegen das Großbürgertum im Sinne eines Karl Marx greift eindeutig zu kurz, zumal sich der Begriff vom Ursprung her aus dem französischen Staatskontext ableitet und nur bedingt auf die Kulturmuster des deutschen Bürgertums übertragbar ist. Im Zusammenspiel mit dem Proletariat als gesellschaftspolitischen Antipoden war die Diskussion über die Bourgeoi-sie immer auch ein Spiegelbild innergesellschaftlicher Prozesse und somit hilfreich für die Frage, inwieweit der für den modernen demokratischen Verfassungsstaat westlicher Prägung konstituierende Gesellschaftsvertrag die ihn grundierenden Interessen verbindlich und vor allem friedlich zum Ausgleich führen kann.

Nicht von ungefähr ist es der Staat, dem aufgrund seiner Kompetenzen und Ressourcen beispielsweise im deutschen Verfassungsverständnis die Aufgabe zufällt, für annähernd gleiche Lebensverhältnisse im Bundesgebiet zu sorgen, während an anderer Stelle das die Bourgeoisie charakterisierende Eigentum nicht nur unter seinem besonderen Schutz steht, sondern auch eine besondere Selbstverpflichtung beinhaltet. Ausschlaggebend dafür sind die Wirkungsmacht und die Reichweite des Gemeinwohls, welches bekannt-lich als Gesamtheit der Bedingungen des gesellschaftlichen Lebens sowie der kollektiv geteilten Werte und Ziele mit dazu beiträgt, dass der Mensch als soziales Wesen seine personale Vollendung erlangt. Dazu zählen letztend-lich auch die Normen, welche die Herrschaft als Dienst an der Gesellschaft dadurch legitimieren, dass divergierende Einzelinteressen einvernehmlich eingebunden werden. In dem Maße, wie die Bourgeoisie auf den zuvorderst ökonomisch handelnden und der Citoyen auf den politisch denkenden wie agierenden Menschen abhebt, ist es in der Genese des modernen Staates die Regierung, die zwischen den beiden Positionen vermittelt, zumal auf beiden Seiten Subjekte stehen, die gleichermaßen nach Glück und Freiheit streben. Es ist nicht zuletzt dieser Handlungsauftrag, der im Sinne des Ge-sellschaftsvertrags die Basis für die Legalität und damit die Legitimität der Regierungsarbeit bildet.

In diesem Sinne hat nun die von Ernst Fraenkel formulierte Pluralis-mustheorie einen synthetisierenden Zugang geschaffen, der an den Diskurs

Bürger/Bourgeois anschlussfähig ist: Indem die vor allem in Deutschland aus dem Ordoliberalismus abgeleitete und durch Elemente der kirchlichen Soziallehren angereicherte Soziale Marktwirtschaft auf das Gemeinwohl abhebt und dieses als Resultante aus dem Zusammenspiel der ökonomischen, sozialen, ideologischen und politischen Einflussgrößen mit dem Konzept der Nation versöhnt, wird die Basis für einen umfassenden Interessenausgleich geschaffen. Im Ergebnis fließen konsensuale Mindestanforderungen in eine als gerecht empfundene (weil um Ausgleich bemühte) Sozialordnung ein, die in einem demokratischen Willensbildungs- und Entscheidungsprozess immer wieder neu ausgehandelt und bestätigt werden muss. Von zentraler Bedeutung ist, dass die gesellschaftlich relevanten Einflussgrößen – also Bürger- wie Unternehmertum, die von beiden getragenen Ausdruckformen im Sinne der Zivilgesellschaft und der politischen Parteien sowie die staatlichen Organe – über ihre jeweiligen Rollenmuster eingebunden sind. Wo sich in der Sozialen Frage Bourgeoisie und Proletariat einst an der Deutungshoheit über den Faktor Arbeit rieben, steht heute ein identitätsstiftendes, sich in Staatszielen und Verfassungsprinzipien widerspiegelndes Moment, das durch freie Wahlen, unabhängige Medien, eine aufgeklärte Öffentlichkeit und einen funktionierenden Rechtsstaat grundiert wird. Nur so kann die ungleiche Verteilung von Chancen (Partizipation und Mitbestimmung) und (Macht-)Ressourcen (wie Bildung und Wohlstand) als strukturelles Hindernis auf dem Weg zu einem geordneten Zusammenleben identifiziert und ausgeräumt werden. Dieser Kosmos enthält dann auch neue Spielräume für die Bourgeoisie, da nun unternehmerische Entscheidungen über die Sozialpartnerschaft als Mitbestimmungsplattform verhandelbar werden und das Mäzenatentum durch umfangreiche private Stiftungen weiterbestehen kann, ja sogar durch neue Stiftungsformen wie die Bürgerstiftung ergänzt wird.

Die entlang der Diskussion um den Begriff der Bourgeoisie deutlich werdende Herausbildung neuer sozialer, gesellschaftlicher und ökonomischer Abhängigkeitsverhältnisse hat indessen gezeigt, dass sich aus den Forderungen nach Freiheitsrechten und sozialer Gerechtigkeit dann ein gewisses Konfliktpotential ergeben kann, wenn die soziale Basis dafür nicht ausreichend gegeben sein sollte. Von daher lohnt es sich durchaus, die Bourgeoisie in Besinnung auf ihre vielfältigen Wurzeln wieder stärker in den Blick zu nehmen, zumal sich so Rückschlüsse auf die für die Wirkungsmacht von Politik relevanten gesellschaftlichen und sozialen Prozesse ziehen lassen, die letztlich die politische Kultur eines jeden Staates ausmachen. Almond/Verba haben das Spannungsverhältnis zwischen citoyen und bourgeois folgerichtig so aufgelöst: Während der Bürger in der Untertanenkultur Leistungen des politischen Systems mit Gehorsam gegenüber der Regierung quittiert, sind in der bürgerschaftlichen Variante das politische Engagement und der freie Wettbewerb der Ideen ausdrücklich erwünscht, ja sogar Grundlage des Staatsverständnisses.

Bei genauerer Betrachtung lässt das eigentlich nur einen Schluss zu: Der *bourgeois* wird auch heute noch dort gebraucht, wo er die Defizite des *citoyen* durch das eigene freiwillige (soziale) Engagement kompensieren kann. Offen bleibt dagegen, ob und inwieweit dieses (mitteleuropäische) Konzeptverständnis auf andere politische Systeme und die sie prägenden Kulturräume übertragbar ist, zumal wenn diese auf anderen historischen Erfahrungswerten basieren.

Literaturverzeichnis

Almond, Gabriel A. u. Verba, Sidney (2001): The civic culture. 10. Aufl. Newbury Park/CA.

Angermeier, Heinz (1966): Königtum und Landfriede im deutschen Spätmittelalter. München.

Ballestrem, Karl Graf (2001): Adam Smith. München.

Baruzzi, Arno (1990): Freiheit, Recht und Gemeinwohl. Grundfragen einer Rechtsphilosophie. Darmstadt; Herfried Münkler u. Harald Bluhm (Hrsg./2001): Gemeinwohl und Gemeinsinn, Historische Semantiken und politischer Leitbegriffe. Berlin.

Beutin, Heidi u.a. (Hrsg./2004): 125 Jahre Sozialistengesetz. Beiträge der öffentlichen wissenschaftlichen Konferenz vom 28.-30. November 2003 in Kiel. Frankfurt a.M. u.a.

Breier, Karl-Heinz: Lemmata „Freiheit" und „Politik". In: Martin Schwarz, Karl-Heinz Breier, Peter Nitschke (2015): Grundbegriffe der Politik, S. 25–30 u. 135–141.

Brennig, Heribert (1993): Der Kaufmann im Mittelalter. Literatur – Wirtschaft – Gesellschaft. Pfaffenweiler.

Burckhardt, Jacob (2014): Kultur der Renaissance in Italien. Hrsg. m. einem Vorwort v. W. Rehm. Stuttgart.

Buschmann, Arno u. Wadle, Elmar (2002/Hrsg.): Landfrieden. Anspruch und Wirklichkeit. Paderborn u. a.

Cassirer, Ernst (1953): The philosophy of symbolic forms. Bd. 1: Language. New Haven/Conn.

Diderot, Denis (Hrsg./2010): Encyclopédie ou dictionnaire raisonné des sciences, des arts et des métiers. [Unveränderter Reprint der 3. erw. Aufl., (Livorno 1770)]. Saarbrücken.

Gerhard, Ute (2012): Frauenbewegung und Feminismus – eine Geschichte von 1789 bis heute. 2. Aufl. München.

Gresch, Eberhard (2015): Die Hugenotten. Geschichte, Glaube und Wirkung. 5. vollständig überarb. Aufl. Leipzig; Rudolf von Thadden (Hrsg./1986): Die Hugenotten. 1686–1985. München.

Habermas, Jürgen (1994): Zur Rolle von Zivilgesellschaft und politischer Öffentlichkeit. In: Beiträge zur Diskurstheorie des Rechts und des demokratischen Rechtsstaates. Hrsg. v. dems. Darmstadt.

Hentschel, Volker (Hrsg./2015): Preußische Porträts. Zwischen Revolution und Restauration. Reinbek u. München.

Hereth, Michael (1979): Alexis de Tocqueville. Die Gefährdung der Freiheit in der Demokratie. Stuttgart u. a.

Kallscheuer, Otto (1994) Deutsche Kulturnation versus französische Staatsnation? Eine ideen-geschichtliche Stichprobe. In: Nationales Bewußtsein und kollektive Identität. Studien zur Entwicklung des kollektiven Bewußtseins in der Neuzeit. 2. Aufl. Frankfurt am Main, S. 112–162.

Kantorowicz, Ernst (1957): The King's Two Bodies. Princeton.

Klunker, Christoph (2016): Beobachtungen zum heutigen Konservatismus in Deutschland. Eine Untersuchung nach Edmund Burke. Frankfurt a. M.

Koselleck, Reinhart (1979): Einleitung. In: Geschichtliche Grundbegriffe. Bd. 1. Hrsg. v. O. Brunner u. a. Stuttgart.

Lönne, Karl-Egon (1995): Politischer Katholizismus im 19. und 20. Jahrhundert. 2. Aufl. Frankfurt a. M.

Lyotard, Jean-Francois (2009): Das postmoderne Wissen – ein Bericht. Hrsg. v. P. Engelmann. 8. Aufl. Wien.

Magerski, Christine (2015): Gelebte Ambivalenz. Die Bohème als Prototyp der Moderne. Wiesbaden.

Müller, Adam (1811): Die Elemente der Staatskunst. Berlin.

Nitschke, Peter (2015): Lemmata „Staat". In: Martin Schwarz, Karl-Heinz Breier, ders.: Grundbegriffe der Politik. Baden-Baden, S. 185–190.

Paravicini, Werner (1994): Die ritterlich-höfische Kultur des Mittelalter. 3., um einen Nachtrag erw. Aufl. München.

Philipp, Michael (2016): Debatten um die Souveränität. Jean Bodins Staatsverständnis und seine Rezeption seit dem 17. Jahrhundert. Baden-Baden.

Polenz, Peter von (1998): Zwischen „Staatsnation" und „Kulturnation". Deutsche Begriffsbesetzungen um 1800. In: Sprache und bürgerliche Nation. Beiträge zur deutschen und europäischen Sprachgeschichte des 19. Jahrhunderts. Hrsg. v. D. Cherubim u. a. Berlin, S. 55–70.

Reidel, Manfred (1997): Lemmata „Bürger". In: Geschichtliche Grundbegriffe. Historisches Lexikon zur politisch-sozialen Sprache in Deutschland. Bd. 1: A-D. Stuttgart, S. 672–725.

Reinhalter, Helmut (Hrsg./2007): Politische Ideen und Gesellschaftstheorien seit der frühen Neuzeit. Wien.

Ritter, Joachim (1960): Die große Stadt. In: Erkenntnis und Verantwortung. Hrsg. v. J. Debolav u. F. Nicolin. Düsseldorf, S. 183–193, hier S. 184.

Roeck, Bernd (2011): Lebenswelt und Kultur des Bürgertums in der frühen Neuzeit. 2., um einen Nachtrag erweiterte Auflage. München.

Rolin, Jan (2005): Der Ursprung des Staates. Die naturrechtlich-rechtsphilosophische Legitimation von Staat und Staatsgewalt im Deutschland des 18. und 19. Jahrhunderts. Tübingen.

Rosin, Nikolai (2013): Souveränität zwischen Macht und Recht. Probleme der Lehren politischer Souveränität in der frühen Neuzeit am Beispiel von Machiavelli, Bodin und Hobbes. Hamburg.

Rousseau, Jean Jacques (1974): Der Gesellschaftsvertrag oder die Grundsätze des Staatsrechtes. Stuttgart; Alexander Hamilton u. a. (1964): The federalist papers. New York u. a.

Schmidt, Manfred G. (2012): Der deutsche Sozialstaat. Geschichte und Gegenwart. München.

Schmidt-Egner, Peter (2015): Gemeinwohl. Konzeptionelle Grundlinien zur Legitimität von Politik im 21. Jahrhundert. Baden-Baden.

Schmoller, Gustav (2013): Die Soziale Frage. Klassenbildung, Arbeiterfrage, Klassenkampf. Berlin.

Schröder, Meinhard (Hrsg./1999): 350 Jahre Westfälischer Friede. Verfassungsgeschichte, Staatskirchenrecht, Völkerrechtsgeschichte. Berlin.

Schwineköper, Berent (Hrsg./1985): Gilden und Zünfte. Kaufmännische und gewerbliche Genossenschaften im frühen und hohen Mittelalter. Sigmaringen.

Starzinger, Vincent E. (1991): The politics of the center. The juste milieu in theory and practice, France and England, 1815–1848. New Brunswick/NJ.

Stolleis, Michael (1990): Staat und Staatsräson in der frühen Neuzeit. Studien zur Geschichte des öffentlichen Rechts. Frankfurt am Main.

Tocqueville, Alexis de (2014): Über die Demokratie in Amerika. Stuttgart.

Weber, Max (2016): Die protestantische Ethik und der Geist des Kapitalismus. Neuausgabe der ersten Fassung von 1904–05 mit einem Verzeichnis der wichtigsten Zusätze und Veränderungen aus der zweiten Fassung von 1920. Hrsg. v. K. Lichtblau u. J. Weiß. Wiesbaden.

Weinacht, Paul-Ludwig (2014): Staat – Staatsräson – Staatsbürger. Studien zur Begriffsgeschichte und zur politischen Theorie. Berlin; Rüdiger Voigt (Hrsg./2012): Staatsräson – steht die Macht über dem Recht? Baden-Baden.

Wolfgang Gieler

Überblick über die türkische Bourgeoisie

Abstract: With the economic upswing in Western societies, the bourgeoisie was created as a new social level between nobles and peasants, which brought a long-lasting effect on the history of mankind. In the Ottoman Empire, too, attempts were made to emulate the occident and create a bourgeoisie of its own. Because the latter was laicistically shaped by decree, as a reaction to these happenings a Muslim bourgeoisie was formed. The article provides a basic overview of the Turkish bourgeoisie.

Einleitung

Mit dem wirtschaftlichen Aufschwung in den westlichen Gesellschaften wurde die Bourgeoisie als ein neuer Stand zwischen Adel und Bauern geschaffen, der den Lauf der Menschheitsgeschichte nachhaltig verändern sollte. Auch im Osmanischen Reich wurde bis zuletzt versucht, dem Okzident nachzueifern und eine eigene Bourgeoisie zu schaffen. Weil diese per Dekret laizistisch geprägt war, bildete sich als Reaktion darauf zusätzlich eine muslimische Bourgeoisie.

Eine Gesellschaft ist kein fixes Gebilde, sondern vielmehr ein lebender Organismus, der inneren und äußeren Einflüssen unterworfen ist und sich unter ihnen transformiert. So hat jede Gesellschaft zwar ihre ganz eigenen Merkmale und Besonderheiten, gleichzeitig sind aber die zugrundeliegenden Strukturen universell. Recht, Glaube und der Erhalt von Traditionen sind die ordnenden und identitätsstiftenden Eckpfeiler jeder Gesellschaft. Auch die Wirtschaft – intra- und intergesellschaftlich – ist für das Leben in der Gemeinschaft daher elementar. Von seiner Geburt an ist der Mensch in diese gesellschaftlichen Strukturen vollständig und bedingungslos eingebunden und seine Sozialisierung ist letzten Endes die Anpassung an das vorherrschende (Wirtschafts-)System, das vor allem durch Hierarchien bestimmt wird. Innerhalb dieser hierarchischen Ordnung, die nicht allein durch Reichtum und Wohlstand, sondern auch durch Status und Einfluss gekennzeichnet ist, nimmt die Bourgeoisie einen hohen Rang ein, da ihre Vertreter es sind, die als bürgerliche Elite im 19. Jahrhundert die gesellschaftlichen Rahmenbedingungen (auch für die Arbeiterklassen) schufen.

Konkret etwa in den Parlamenten, die sich vornehmlich aus dem Bürgertum konstituieren – doch auch heute noch profitiert der Bourgeois von der Wertschöpfung anderer und vermehrt seinen Wohlstand ohne eigenes Zutun.

Die westliche Form der Bourgeoisie galt zum Ende des Osmanischen Reiches auch dort als erstrebenswert. Als großangelegtes Sozialprojekt erfuhr die orientalische Bourgeoisie seitdem allerdings immer wieder Veränderungen, wie sie jedoch für soziale Systeme ohnehin typisch sind.

Der Aufstieg der Bourgeoisie und der Einfluss von Eliten auf die Gesellschaft

Unter *Bourgeoisie* versteht man die sozial gehobene Klasse innerhalb des Bürgertums, welche der Arbeiterklasse gegenübersteht, da sie über die Produktionsmittel verfügt und ohne eigene Arbeitsleistung an der Wertschöpfung beteiligt ist – ein Bourgeois verübt keine Lohnarbeit. Auch Unternehmer fallen in die Kategorie des Bourgeois. Der Begriff folgt demnach einer individuellen und einer gesellschaftlichen Typologie[1]. Vor allem Sombart verbindet den Bourgeois mit dem Unternehmertum, in welchem der Bourgeois über Kreativität, Weitsichtigkeit und ein schnelles Auffassungsvermögen verfügen sollte und in der Lage sein muss, schnelle und präzise Entscheidungen zu fällen – auch Opportunismus schade nicht.[2]

Die Bourgeoisie ist maßgeblich an der gesellschaftlichen Konstitution beteiligt, weil sie an der Verteilung des Wohlstandes ebenso beteiligt ist wie an der Etablierung von Trends. Sie setzt die Maßstäbe in allen Fragen der ethischen, beruflichen, intellektuellen und ästhetischen Bildung, weil sie die Klasse ist, die über die dazu nötigen Machtinstrumente verfügt.[3] Auch wenn mit *Bourgeoisie* eine gesellschaftliche Klasse gemeint ist, die über die Produktionsmittel verfügt und den größten Nutzen aus dem Wirtschaftssystem zieht, kann sie jedoch mehrere Schichten umfassen.

Im europäischen Mittelalter waren Menschen, die weder als Bauern noch als Adel galten, Teil einer Burg. Der Begriff der Bourgeoisie, der im Frankreich des 16. Jahrhunderts entstand, zeigte somit zu Beginn die Mittelschicht

---

1 Vgl. Borlandi et al. (2011): Dictionnaire de la pensée sociologique, S. 23.
2 Vgl. Sombart (2008): Bourgeois, S. 112.
3 Vgl. Borlandi et al. (2011): Dictionnaire de la pensée sociologique, S. 24.

zwischen Adel und Bauerntum auf. Mit der Entwicklung des Kapitalismus und dem Zurückweichen der Aristokratie dehnte sich diese Schicht aus. Heute umfasst dieser Begriff daher nicht nur Großgrundbesitzer, Industrielle, Banker und Händler, sondern auch Freiberufler, Beamte, Kleinunternehmer und Handwerker – also all diejenigen, deren Interessen sich mit denen der Produktionseigentümer decken.

Man ist, so Sombart, jedoch nicht automatisch Bourgeois, wenn man Kapitalist ist und sich als Bourgeois wähnt. Es genügt nicht einmal, als Neo-Bourgeois seine Zeit sinnvoll zu strukturieren und sich der Bildung zu verschreiben. Händler und Handwerker erfüllen Sombarts strenge Kriterien schon allein deshalb nicht, da nach ihm der Status des Bourgeois erblich ist. Die soziologische Heterogenität dieser gesellschaftlichen Kategorie und die Schwammigkeit der Definition erklären die wissenschaftliche Auseinandersetzung.

Obwohl die Angehörigen der Bourgeoisie über die ökonomischen Mittel verfügten, wurden ihnen nicht die Rechte zugestanden, die sich der Adel zubilligte. Aus einer Trotzreaktion heraus begann die Bourgeoisie, ihren Kämpfergeist – aber auch ihre Dreistigkeit – in ein Unternehmertum umzusetzen, das dem Bestreben des Adels entgegenstand und maßgeblich zum Aufschwung Europas beitrug.[4] Die Kapitalanhäufung in Europa führte zu einer Ausbildung einer Zivilgesellschaft, die im nächsten Schritt die Vorteile der Industrialisierung nutzen konnte, sodass sich bereits Züge der Sozialstaatlichkeit erkennen ließen. Ähnlich entwickelte sich auch die Handelsbourgeoisie, die auf der einen Seite ein Gegengewicht zur politischen Kaste bildete und deren Macht einschränkte, auf der anderen Seite aber dazu beitrug, dass sich Freihandelszentren herausbildeten. Die typisch westlichen Rahmenbedingungen dieser Zeit setzten eine Entwicklung in Gang, die zu einem Anstieg des gesamtgesellschaftlichen Wohlstands und auch zu einer Stärkung der Arbeiterklasse führte.

Zum Begriff der Bourgeoisie wurde ein weiterer in den Forschungskanon der Sozial- und Geisteswissenschaften aufgenommen: der Begriff der Elite. Doch hier liegt keine Einigkeit in seiner Definition vor. Der Begriff, der im Französischen soviel wie „Auslese" bedeutet, wurde im 18. Jahr-

---

4 Vgl. Cem (2010): Die Geschichte der türkischen Rückständigkeit, S. 34–44.

hundert als Lehnwort ins Deutsche übertragen. Die Auslese besteht darin, dass sich „die Funktionseliten durch ihr Bildungsniveau deutlich von der Gesamtbevölkerung unterscheiden und überproportional aus Familien mit hohem sozialen Status stammen" (bpb: APuZ 9–10/2008). Eine Elite kann der höchsten gesellschaftlichen Ebene zugehörig sein, prinzipiell aber durchaus auch aus einfachen Verhältnissen aufsteigen. Ein Angehöriger der Elite ist nicht zwangsläufig ein Angehöriger der Kapitalisten-Milieus. Auch ist die Elite nicht als homogene Gruppe zu verstehen: die demokratische Elite beispielsweise setzt sich für die Gleichberechtigung beim Zugang zu wirtschaftlichen Instrumenten ein; die Demo-Elite kann ohne die Masse nicht bestehen; Sub-Eliten bilden eine Kommunikationsbrücke zwischen elitären Gruppen; pluralistische Eliten und Schlüssel-Eliten kommen hinzu.

Quantitativ sind Eliten gegenüber dem Rest der Gesellschaft zwar unterlegen, dennoch sind sie für die Strukturierung der Gesellschaft stets maßgeblich. Mit ihrer wirtschaftlichen und politischen Macht nahmen sie stets Einfluss auf die grundlegenden Konstituenten einer Gesellschaft und besetzten die Schaltstellen in Politik, Wirtschaft, Militär, Rechtsprechung, Bildung und medialer Berichterstattung.[5]

Obwohl die Elite mit einer steigenden Zahl von Gegnern konfrontiert ist, kann ihr formal legitimierter Herrschaftseinfluss nicht begrenzt werden. Sie herrscht über institutionelle Strukturen, überwacht soziale Ressourcen und beeinflusst damit Entscheidungsprozesse direkt oder indirekt. Zwar wird die Elite durchaus als gesellschaftlicher Akteur wahrgenommen, der positiv zur freien Marktwirtschaft beiträgt, sie gilt aber auch als der Teil der Gesellschaft, der über den Reichtum verfügt, ihn in Form von Luxus auslebt und dabei die begrenzten Ressourcen verschwendet, derer andere bedürfen würden. Mit ihrem Lebensstil zwingt die Elite zwangsläufig auch den anderen sozialen Milieus einen Lebensstil auf, da diese nicht die Macht besitzen, sich den Strukturen zu entziehen oder ihnen entgegenzuwirken.

Die europäischen Gesellschaften wurden in den vergangenen Jahrhunderten stets in Klassen eingeteilt – Bourgeoisie, Proletariat, Kleinbourgeoisie oder Lumpenproletariat – und die zugrundeliegenden Muster in der Ent-

---

5 Vgl. Pareto (2005): The Rise and Fall of Elites, S. 76–91 / Arslan (2007): Eliten-Soziologie, S. 51.

wicklung von Bourgeoisie und Eliten waren dabei stets dieselben. Doch während in der Klassentheorie die Bourgeoisie mit Ansehen, Macht und Einfluss konnotiert ist, was sich hauptsächlich aus ihrer wirtschaftlichen Stärke ergibt, kann unter den Angehörigen der Elite auch die religiöse Weltanschauung eine Rolle spielen.

Religiöse Werte treten vor allem in Zeiten gesellschaftlicher Krisen zu Tage, die zu einem Wechsel von Eliten beitragen können – wenn sich etwa die Machtlosen gegen die Machthaber behaupten und ihren Platz einnehmen. Die gesamte Geschichte lässt sich als ein solches Wechselspiel von Eliten lesen[6], welches sich auch in der Türkei im Gesellschaftsmodell mit Bourgeoisie und Elite zeigte.

Der Versuch eines neuen Gesellschaftsmodells: Die Ära der Tanzimat

Die Französische Revolution führte nicht nur in ihrem Mutterland zu gesellschaftlichen Umbrüchen. Die führenden Eliten im Westen mussten einsehen, dass parlamentarische Monarchie bedeutete, in Fragen der wirtschaftlichen und politischen Führung einen Konsens der Parteien herbeizuführen. Auch die im Parlament vertretenen Kapitaleigner besaßen das Recht auf Gehör bei der Entscheidungsfindung. Die verschiedenen Interessenlagen mussten seitdem in die politischen Überlegungen einfließen.[7] Mit diesem historischen Bruch begann im Westen die Tradition einer Konsensfindung zwischen den Gruppen Staat und Gesellschaft, Regierung und Opposition, Militär und Zivilbevölkerung. Im Westen war allerdings der Staat für den Schutz des Lebens- und Eigentumsrechts der Gesellschaft verantwortlich, während im Osmanischen Reich diese Rechte als Gnade des Staates gegenüber seinen Untertanen betrachtet wurden. Die osmanische Regierung hat das Schutzrecht über Leben und Eigentum seiner Untertanen mit dem Tanzimat[8]-Ferman[9] erst im Jahr 1839 erlassen.[10]

---

6   Vgl. Pareto (2005): The Rise and Fall of Elites, S. 55.
7   Vgl. Cem (2010): Die Geschichte der türkischen Rückständigkeit, S. 49.
8   Konstitutionelle Monarchie; Bezeichnung einer politischen Ära der Türkei von 1839–1918.
9   Erlass des Sultans.
10 Vgl. Duman (2007): Das Sozialprofil der türkischen Bourgeois-Klasse, S. 17.

Vor der endgültigen Entscheidung zum Übergang in die konstitutionelle Monarchie wurden soziale Rechte in Etappen gewährt. Diese galten auch für die ethnischen Minderheiten, die aus der osmanischen Gesellschaftsordnung hervorgegangen waren und mit ihrem Unabhängigkeitsstreben einen bis dahin unbekannten Nationalismus herbeiführten.

Im Osmanischen Reich haben Staat, Bürokratie und schlossnahe Akteure die Entstehung einer Bourgeoisie durch Enteignung unmöglich gemacht.[11] Das System, welches eine sozio-ökonomische und auf einer Klassenstruktur beruhende Organisation der Gesellschaft verhindert hatte, bedeutete eine Grenzsetzung anhand einer statischen Gesellschaftsordnung. Mit der Tanzimat erhielten besonders Nicht-Muslime Sonderrechte, die sie vor der staatlichen Enteignung schützte (Göcek 1999). Mit diesem Schritt wurde ein Weg zur Bildung neuer wirtschaftlicher Gruppierungen eröffnet. Die praktische Eröffnung und Ausschöpfung dieses Weges ist durch die osmanische Erfahrung nachvollziehbar. Die Tanzimat war demnach nicht nur eine Ära der sozio-politischen Transformation, sondern sie war der Beginn einer wirtschaftlichen Veränderung. Dem Osmanischen Reich gelang es bis zu diesem Zeitpunkt jedoch nicht, das Verständnis einer nationalen Wirtschaft zu schaffen oder eine Klasse zu begründen, die auf nationalem Kapital beruht.

Die osmanische Herrscherfamilie versuchte mit einer Politik der Verwestlichung, europäische Institutionen im Reich zu etablieren und legte besonderen Wert auf die Schaffung einer bürokratischen Elite, die dem Osmanischen Reich zur Treue verpflichtet sein sollte. Sie schuf allerdings eine bürokratische Bourgeoisie, die später sogar für sie selbst unantastbar wurde.[12] Diese im Osmanischen Reich neu entstandene Bourgeoisie waren die Jungtürken. Ein halbes Jahrhundert später sollte diese Gruppe in die Gruppe der Kemalisten übergehen und versuchen, die Wirtschaft zu nationalisieren.

Im Osmanischen Reich blieben die Türken selbst vielen wirtschaftlichen Aktionen fern. Dies war auch ein identitätsstiftender Umstand der regierenden Personengruppe, die als gesellschaftliche Akteure auftreten sollte. In den Endphasen des Reiches sah man einen Balkan-Einfluss innerhalb

---

11 Vgl. Duman (2007): Das Sozialprofil der türkischen Bourgeois-Klasse, S. 29–32.
12 Vgl. Göcek (1999): Der Aufstieg der Bourgeoisie, S. 109.

der Bürokratie. Dieser Einfluss war jedoch zu jedem Zeitpunkt sehr stark, da durch das Dewshirme-System[13] militärische und bürokratische Eliten geschaffen wurden. Die berühmte Enderun-Schule, in der vorwiegend nicht-muslimische Kinder unterrichtet wurden, war die Institution, aus der die bürokratische Elite heranwuchs. Die wirtschaftliche Aktivität war nach Auffassung der Herrscherfamilie hingegen die Aufgabe niederer Schichten. Die wichtigste Tagesordnung des Palastes war die Zufriedenheit des Militärs, welches auch die eigene Macht symbolisierte, und die ordnungsgemäße Eintreibung und Verwaltung von Steuern. Die Bourgeois-Klasse wurde in einer solchen kosmopolitischen Gesellschaft demnach von nicht-muslimischen Bevölkerungsgruppen (Juden, Armeniern, Levanten und Rum) vertreten.

In der zweiten Hälfte des 19. Jahrhunderts gab es besondere industrielle Entwicklungen im Westen, die den Händlern in den Städten des Reichs Probleme verursachten. Die Levanten begannen auf Grund ihrer Sonderabmachungen mit westlichen Handelspartnern, lokale Märkte zu beherrschen. Mit dieser Situation verloren regionale Händler und Handwerker ihr ohnehin geringes politisches Mitspracherecht und ihr Einkommen. Dieser sozio-ökonomische Bruch zeigte, dass die Gründe, die für den Aufstieg einer Bourgeoisie in Europa nützlich waren, eine gleichartige Entwicklung im Osmanischen Reich ausbremsten. Es gibt zahlreiche Beispiele für das Verhältnis zwischen Händler und Staat dieser Zeit. Der Aufschwung der Bourgeoisie im Westen führte dazu, dass der Staat zu einem Apparat wurde, der über den Besitz der Wohlhabenden wacht. Im Osmanischen Reich hingegen erstickte der Staat die Bourgeoisie gänzlich, sodass der Schritt in Richtung Industrialisierung unmöglich wurde.

Gegen Ende des 19. Jahrhunderts versuchten die Regierenden, das Problem praktisch anzugehen. Seit der Herrschaft von Sultan Abdülhamid II. (1876–1909) begann sich in der osmanischen Geographie der Gedanke eines kapitalistischen Staates auszubreiten. Der Türkei gelang erst gegen Ende des Osmanischen Reiches und während der Amtszeit der politischen Gruppe der Ittihat und Terakki (Komitee für Einheit und Fortschritt), die Themen eines nationalen Kapitals und einer National-Bourgeoisie auf die politische Agenda zu setzen. In der zehnjährigen Regierungszeit des Komitees

---

13 Knabenlese von nicht-muslimischen Kindern.

(1908–1918) wurden die Sonderrechte für ausländische Unternehmer aufgehoben, Kapitulationen beendet, neue Berufsschulen in der Hoffnung auf die Herausbildung neuer Wirtschaftsbranchen eröffnet und eine nationale Bank gegründet.[14] Der Sturz Sultans Abdülhamid II. durch das Komitee im Jahr 1908 ging dann als *Bourgeois-Revolution* in die Geschichte ein. Um in der Wirtschaft jedoch eine tatsächliche Revolution herbeiführen zu können, braucht man eine starke Bourgeoisie. Diese gab es in den Anfangsjahren der jungen türkischen Republik nicht.[15]

Das osmanische Erbe und die Entwicklung der republikanischen Bourgeoisie

Mit dem Zerfall des Osmanischen Reiches musste die Politik in den aus dem Zerfall hervorgegangenen Staaten eine neue Legitimierung erfahren. Die Türkei brauchte für den neuen Staatsbau militärische Erfolge und eine politische Legitimierung, die auf eine nationale Bourgeoisie baute. Dafür mussten die Rahmenbedingungen in der Form angepasst werden, dass aus der Idee auch Wirklichkeit werden konnte. Die Wirtschaftsparameter der Türkei in den 1920er Jahren wurden so gesetzt, dass der Aufschwung des gesamten Territoriums einen Wohlstand in religiöser und nationaler Sicht umfasste. Atatürk selbst beauftragte 1928 eine Schrift unter dem Titel „Türkische Ansprache" (worunter sich auch Predigten befanden), in der auf diese Ziele aufmerksam gemacht wurde. In ihren Kernpunkten beinhaltete sie das Ideal einer wirtschaftlich starken Gesellschaft und betonte die Bedeutung der Arbeit und den Mehrwert des Handels hervor. Die Schrift war somit ein Plädoyer für eine nationale Bourgeoisie.[16]

In Japan wurden nach Ende des Weltkriegs zahlreiche NGOs gegründet, die zum Ziel hatten, die Zusammenführung der Gesellschaft unter einer gemeinsamen Zukunftsvision herbeizuführen. Die staatlich geschaffenen NGOs sollten dazu mit den etwaigen Ministerien ihre Teilaufgaben erfüllen. Der Grundgedanke war die Verhinderung der Individualität, wie sie zum Beispiel bei der Union der Veteranen, der Landwirte oder

---

14 Vgl. Duman (2007): Das Sozialprofil der türkischen Bourgeois-Klasse, S. 25.
15 Vgl. Özel (1994): Individuum, Bourgeois und Wohlhabender, S. 72.
16 Vgl. Usta (2005): Die Freitagspredigten Atatürks, S. 87–99.

Glaubensgemeinschaften zu sehen war. Die Türkei kannte eine solche Entwicklung nach ihrem Unabhängigkeitskrieg nicht. Diese Lücke wird sich später in der Wegbeschreitung der jungen Republik in Auseinandersetzung mit den Kriegsschulden und konjunkturellen Depressionen nochmals aufzeigen.[17]

Wenngleich die Republik 1923 ausgerufen wurde, blieben die Tradition der Verwaltung und Institutionsstrukturen des Osmanischen Reiches unverändert bestehen und das Verständnis einer Zentralverwaltung wurde verdichtet. Das Ziel der Schaffung einer nationalen Bourgeoisie bestand nicht darin, den Wohlstand zu steigern, für Entrepreneurship zu werben und eine nationale Wirtschaftsordnung zu schaffen. Es waren vielmehr Privatvorhaben, die dazu führten, dass sich das Militär und die Bürokratie überschlugen und verzettelten.[18] Hinzu kamen die verpassten Chancen einer Kriegsökonomie zwischen 1914 und 1924, die andere Gruppen erfolgreich für sich nutzten. Eine fehlende muslimische Bourgeoisie konnte die bürokratische Elite nicht zurückdrängen.[19]

In den ersten Jahren der jungen Republik war der sozio-ökonomische Aufbau die Aufgabe des Istanbuler Händlers, des anatolischen Geschäftsmannes und Großgrundbesitzers sowie der Offiziere, welche am Unabhängigkeitskrieg teilgenommen hatten. Nach ihnen versuchten Abgeordnete und Bürokraten ihr Glück. Die Gruppen schufen eine bürokratische Hierarchie, die darum bemüht war, sich gegenseitig zu unterstützen und die Schlüsselpositionen der wirtschaftlichen Tätigkeit so lange wie möglich zu besetzen.[20] Wenig verwunderlich ist daher, dass die erste Elite der jungen Republik aus Militärfunktionären bestand. Ihre Herrschaft wurde von berühmten religiösen Persönlichkeiten, alten Komiteemitgliedern und Bürokraten geteilt.[21] Die Zusammensetzung des ersten Nationalparlaments zeugt davon: 125 Staatsbedienstete, 13 Beamte der Kommunalverwaltung, 53 Soldaten (davon zehn Generäle), 53 Geistliche (davon 14 Muftis),

17 Vgl. Cem (2010): Die Geschichte der türkischen Rückständigkeit, S. 67.
18 Vgl. Duman (2007): Das Sozialprofil der türkischen Bourgeois-Klasse. In: Sosyoekonomi, Jahr 3, Nr. 5, S. 33–46.
19 Vgl. Keyder (2001): Der Staat und die Klassen der Türkei, S. 137–141.
20 Vgl. Cem (2010): Die Geschichte der türkischen Rückständigkeit, S. 195 u. 231.
21 Vgl. Özel (1994): Individuum, Bourgeois und Wohlhabender, S. 160.

fünf Clanführer, 40 Händler, 32 Landwirte, 20 Rechtsanwälte und je ein
Journalist, Ingenieur und Handwerker waren als Abgeordnete tätig.[22]

Mit kleinen Schwankungen sollte dieses bürokratische Netzwerk bis
1939 (demnach bis zur Zeit Inönüs') seine Tätigkeit fortführen.[23] Im Jahr
1923 fand in Izmir der erste Wirtschaftskongress mit dem Ziel statt, örtliche Unternehmer zu Wohlstand zu bringen und damit die ausländischen
Investoren zu eliminieren.[24] In der ersten Dekade der jungen Republik verwirklichte sich jedoch das Gegenteil und die Abhängigkeit verdichtete sich
in allen Wirtschaftszweigen. Dies war ein Ergebnis vieler sozio-politischer
Einflussfaktoren. Das Scheitern der Bodenreform zählt zu den wichtigsten
Gründen. Der Großgrundbesitzer des Osmanischen Reiches konnte durch
ein opponierendes Netzwerk von Abgeordneten und Händlern und die
geringe Performanz des Privatsektors verhindert werden. Hinzu kamen
das Fehlen von Eigenkapital, organisierte Händlerinteressen, die fehlende
Technologie und das scheinbar unendliche Misstrauen in ausländische Investoren, die all diese Phänomene stärkten.[25]

In dieser ersten Dekade wurde die Bürokratie-Elite geschaffen, welche
weitere zehn Jahre später eine neue Bourgeoisie begründete. Diese Grup-
pierung hegte die Hoffnung auf politische Teilhabe, die sich durch die Weltwirtschaftskrise 1929 niemals verwirklichte.

Nicht alle Mitglieder der Wirtschaftselite, die seit Anfang der Republik
aktiv waren (wie die Familien Koc, Sabanci oder Eczacibasi) stammten aus
wohlhabenden Familien. Nach seiner Krise im Jahr 1929 ging der Staat zu
einer Politik über, die die nationale Industrialisierung vorantreiben sollte.
In diesem Sinne schuf man dadurch die Möglichkeit, als Zwischenhändler
oder Exporteur tätig zu werden, und entwickelte so vielmehr einen auf
Handel basierenden Staatskapitalismus.[26]

Sowohl das Osmanische Reich als auch die junge Türkische Republik ließen nicht zu, dass sich neben ihnen eine freie Zivilgesellschaft bzw. ein wei-

---

22 Vgl Arslan (2007): Aus der Eliten-Theorie Betrachtet: Die soziologischen Profile
    der Canakkale-Abgeordneten, S. 1–22.
23 Vgl. Cem (2010): Die Geschichte der türkischen Rückständigkeit, S. 190.
24 Vgl. ebd., S. 191.
25 Vgl. Güner (1978): Der Aufschwung der Türkei und die staatliche Wirtschafts-
    organisation, S. 97–118.
26 Vgl. Alpay (2008): Die türkische Wirtschaftsgeschichte, S. 195–198.

teres Machtgeflecht (die Bourgeoisie) entwickelte.[27] Die sozio-ökonomische Aktivität des Kemalismus schuf neue gesellschaftliche Hierarchien und ein für die türkische Gesellschaft bis dahin überaus fremdes Herrschaftssystem. Der Kader, der den türkischen Nationalstaat schuf, holte seine Unterstützung nicht vom Bourgeois, sondern von bürokratischen Staatstraditionen. Der Bourgeois-Staat lebte damit vor der Bourgeois-Gesellschaft und in der prägenden Ideologie wurde die Staatlichkeit als Erhalt der geschaffenen Ordnung begriffen.

Die republikanische Bürokratie gewann durch ihre Veröffentlichungen an Einfluss. Die Kader-Bewegung[28] entstand als Gruppe von Idealisten, die von 1932 bis 1934 in ihren Schriften immer eine Wirtschaft in staatlicher Hand priesen. Demnach müssten sich die Händler zurückziehen und das Feld dem Staat als eigentlichem Akteur überlassen. Als natürliches Ergebnis konnte in den ersten zwanzig Jahren der Republik keine dynamische, nationale Bourgeoisie entstehen. Die Herrschaftsstruktur der Gesellschaft wurde bis in die 1940er Jahre in militärischer, wirtschaftlicher, rechtlicher und politischer Hinsicht durch diese ganzheitliche Elite bestimmt.

Mit der Atmosphäre dieser Jahre, die sehr stark vom Zweiten Weltkrieg beeinflusst wurde, kamen die ersten Bourgeois-Gruppen zusammen, obwohl sich die Türkei dem Krieg ferngehalten hatte.[29] Eine ungeordnete Atmosphäre der Bereicherung für die Bourgeoisie und der Großgrundbesitzer prägte diese Zeit, in der die türkischen Industriellen die meisten Vorteile für sich gewannen, da sie im Vergleich zu den anderen Subgruppen einen politisch durchdachten Weg einschlugen.[30] Sowohl die säkulare als auch die muslimische Bourgeoisie hatte zwar vor dem Zweiten Weltkrieg große Gewinne erwirtschaftet, dennoch lag die zivilgesellschaftliche Organisation fern. Sie waren stattdessen bemüht, ihre Beziehungen zur Bürokratie zu pflegen. Der Ministerpräsident Refik Saydam musste während der Krisenphase im Jahr 1942 die Händler vor ihrem Renditenwahn warnen.[31]

---

27 Vgl. Duman (2007): Das Sozialprofil der türkischen Bourgeois-Klasse, S. 39.
28 Vgl. Aydemir (2003): Reform und Kader, S. 89–95.
29 Vgl. Boratav (2008): Die Geschichte der türkischen Volkswirtschaft, S. 81–93.
30 Vgl. ebd., S. 81–93.
31 Vgl. Cem (2010): Die Geschichte der türkischen Rückständigkeit, S. 172.

Die wirtschaftliche Krise nach dem Krieg setzte sich in das Bewusstsein der Gesellschaft, sodass sich die Hoffnung auf sozio-ökonomische Entwicklungen an die Demokrat Parti von Adnan Menderes richtete. Wiederholt hatte sich unter der Federführung Ahmet Hamdi Basars der Türkische Wirtschaftskongress im Jahr 1948 versammelt und hielt fest, dass der Staat im wirtschaftlichen Sinn nur für die Kontrolle und Ordnung sowie Zukunftsprognosen verantwortlich sein und sich ansonsten aus allen anderen Feldern zurückziehen sollte – über Landwirtschaft, Handel und Industrie habe dieser nicht zu bestimmen. Zudem wurde gefordert, die ausländischen Institutionen und Beteiligungen zu begrenzen. Die Inhalte dieses Kongresses sollten zum Handlungsplan der Demokrat Parti werden. Als junge, oppositionelle Nachkriegspartei stellte sich die Demokrat Parti gegen eine staatliche Bestimmung über das Kapital und positionierte sich politisch dementsprechend. Doch die Umsetzung des Marshall-Plans in der Türkei erfolgte durch ein Abkommen zur wirtschaftlichen Zusammenarbeit vom 4. Juli 1948 und bedeutete einen US-Einfluss auf die türkische Wirtschaft. Der Staat zog sich als Akteur zwar zurück, überließ aber den Raum nicht einer nationalen Bourgeoisie, sondern ausländischen Akteuren. Dies stand der Suche nach einer nationalen Bourgeoisie erneut im Weg.

Der Veränderungsprozess innerhalb der türkischen Gesellschaft wurde ab den 1950er Jahren deutlich schneller und spürbarer. Menderes selbst, der 1950 die Regierung bildete, gab als Wahlversprechen ab, die Türkei zum kleinen Amerika zu machen.[32] Mit einer überwältigenden Mehrheit gewählt, hatte die Demokrat Parti mit US-Krediten einen wirtschaftlichen Aufschwung begonnen, das als Indiz für den Erfolg des Marshall-Plans gedeutet werden kann.[33] Damit ging einher, dass nach 1950 die erhoffte Beziehung zwischen Staat und Bourgeoisie entstand. Auch die Erwartungen der Bürokratie-Elite an den Privatsektor stiegen, wenngleich der Aufbau der Schwerindustrie, Energiezentralen und Staudämme zwischen 1950 und 1960 nur mit Hilfe des Staates gelang. Im Jahr 1958 hob ein Moratorium den Wert des US-Dollar von 2,80 TL auf 9 TL an. Als Ergebnis dieser Ent-

---

32 Vgl. Cem (2010): Die Geschichte der türkischen Rückständigkeit, S. 175.
33 Vgl. Mortan/Cakmakli (1987): Von der Vergangenheit und Zukunft der Aufschwungsversuche, S. 334.

wicklung wies die Türkei bis in das Jahr 2001 eine Außenverschuldung von 376,6 Millionen US-Dollar auf.

Die ab 1950 bestehende Mehrheits-Demokratie wurde nach zehnjähriger Erfahrung durch einen Militärputsch unterbrochen. Die Beziehung zwischen den pro-westlichen Eliten und dem Militär wurde dadurch verstärkt.[34] Besonders die 1960er Jahre sind der Zeitraum, in dem sich eine säkulare Bourgeoisie formte. In den vorausgegangenen zehn Jahren musste der nationale Bourgeois kein Risiko eingehen und nutzte sogar die staatliche Autorität für seine Zwecke. Ab 1965 übernahm die große Industrie- und Handelsbourgeoisie die Macht. Ein neues, rational denkendes und handelndes Milieu mit Bewusstsein für die Bourgeoisie war entstanden. Im Gegenzug kann jedoch festgestellt werden, dass sich im Jahr 1968 besonders in den Städten Ankara, Balikesir, Bursa, Canakkale, Denizli, Edirne, Eskisehir, Icel, Isparta, Kayseri, Kirklareli, Kocaeli, Konya, Manisa, Sakarya, Samsun und Zonguldak religiöse Kaufleute vermehrt in Vereinen organisierten. In diesen Jahren hatte sich das religiöse Leben der Türkei belebt und mit einem Weiterdenken des mystischen Kerns auch die aktive Teilhabe im Wirtschaftsleben angepriesen.[35]

Der Wettbewerb zwischen der säkularen und der religiösen Bourgeoisie erzeugte ein Spannungsfeld, welches bis heute andauert. Besonders die halbe Million Menschen, die zu keiner dieser Gruppen gehörten und über keinen Grundbesitz verfügten, zogen in die Städte und deckten dort den Bedarf an billigen Arbeitskräften. Zwar hatte die Abwanderung in Großstädte für die betroffenen Regionen Vorteile, sie führte aber auch zu neuen Gruppierungen innerhalb der Bourgeois-Soziologie. Die religiös motivierten Kleinunternehmer organisierten sich gegen den Kapitalismus. Aus Angst vor wirtschaftlichen Verlusten und dem Verlust ihres Status stellten sich diese Unternehmer unter dem Deckmantel des Glaubens zur Opposition gegenüber dem sozio-ökonomischen System. Die Unterschiedlichkeit der Interessen sollte sich im Laufe der freien Marktwirtschaft weiter herauskristallisieren.

---

34 Vgl. Göle (2002): Über den hybriden Motivislam und Modernität, S. 64.
35 Vgl. Mardin (1995): Religion und Politik in der Türkei, S. 51–53.

Die neuen Eliten und die säkulare Bourgeoisie ab 1980

Die 1980er Jahre sind beispielhaft für den extremen Wettbewerb zwischen dem anatolischen Unternehmertum und der säkularen Bourgeoisie.[36] Beide Bourgeoisie-Gruppen weisen aber auch Gemeinsamkeiten auf. Nach 1980, in den Liberalen- und Neo-Liberalen- Phasen, waren beide weit entfernt von Wettbewerb, Investition und Erneuerung und in dem Sinne keine Akteure[37], da der Staat unter dem Deckmantel der Sozialstaatlichkeit weitgehende Eingriffe vornahm. Die sozio-ökonomische und politische Kultur der Türkei hat sich dennoch nach 1980 gewandelt – der Aufbau von Beziehungen und Netzwerken unter den wirtschaftlichen Akteuren der Gesellschaft sind ein Zeichen dafür.

In den letzten drei Jahrzehnten hat sich die Kluft zwischen der muslimischen und der säkularen Bourgeoisie weiter vertieft. Die Legitimierung der freien Marktwirtschaft in der Türkei durch Turgut Özal gab dem anatolischen Unternehmertum die Möglichkeit, den Aufstand gegenüber der Istanbuler Bourgeoisie zu proben. Bis in die 1980er Jahre hatte die Istanbuler Bourgeoisie die staatlichen Akteure hinter sich gebracht und das Zepter des wirtschaftlichen Geschehens in ihrer Hand. Das Ziel Özals widersprach dem Status quo: er hatte vor, einen Homo oeconomicus auf gesellschaftlicher Ebene zu schaffen.[38] Dieses Gesellschaftsprojekt sollte sich in zwei Kategorien verwirklichen, einer identitätsstiftenden und einer institutionellen. Diese Trennung schuf wiederum zwei Kategorien der sozio-ökonomischen Elite: eine auf dem Schoß des Staates erwachsene, laizistisch-großstädtische Bourgeoisie, die überwiegend die Eliten Istanbuls und Ankaras sind, und eine anatolische Gruppe, die konservativ gesinnt ist.[39]

Seit 1980 befindet sich die Türkei in einer neuen Zeitspanne, die von einer freien Marktwirtschaft geprägt ist, und auch in der türkischen Gesellschaft (die zunehmend einfacher an Geld kommt) Anklang findet. Selbstbestimmung und Statusgewinn wurden damit wichtig für den türkischen Bürger. Die türkische Politik entwickelte sich analog zum Wirt-

---

36 Vgl. Haenni (2011): Market Islam, S. 58.
37 Vgl. Boratav (2008): Die Geschichte der türkischen Volkswirtschaft, S. 81–83.
38 Vgl. Yilmaz (2011): Die Natur der Politik in der Wirtschaft. In: Dogu-Bati (3. Auflage), Jahr: 4, Nr. 17, S. 91–109.
39 Vgl. Haenni (2011): Market Islam, S. 82–85.

schaftsgeschehen weiter. Nach 1980 wurden die Milli-Görüs-Bewegung und die Anatolischen Tiger (eine muslimische Untergrundbewegung von organisierten Unternehmern aus traditionell-religiösen Gesellschaftsschichten) ins Leben gerufen. Diese sozio-ökonomische Kategorie hat zu Beginn der 1990er Jahre mit ihrer Institutionalisierung der Unternehmerschaft, besonders unter der MÜSİAD (Verein unabhängiger Industrieller und Unternehmer), zu einer gesellschaftlichen Entwicklung beigetragen. Dies Beinhaltete auch die Botschaft an die Organisation der TÜSİAD (Turkish industrialists and businessmen), dass zukünftig weitere Gruppen beteiligt werden sollten.

Die religiösen Strömungen der Türkei sprachen sich gegen die Unterdrückung des einfachen Bürgers durch das Kapital aus und sahen als Lösung vor, dass nur ein islamischer Farbton im Wirtschaftsleben dieses Ziel erreichen könnte. Dieses Umdenken war auch Grundlage der Dynamik dieser Strömungen. Özal eröffnete schließlich mit seinem Liberalismus dementsprechende Wege und bezeichnete diese neue Gruppe, die über die Republik wachen, aber für Ethik im Wirtschaftsleben sorgen sollten, als Laizisten.[40] Der Wirtschaftspragmatismus kann an den Wahlslogans Özals abgelesen werden: Das prägnante „Ein Millionär in jeder Straße" verdeutlicht das politische Klima zwischen 1980 und 1990.

Die islamische Strömung hat es nach 1990 geschafft, ihre eigene Mittelschicht, Intellektuelle und Professionelle herauszubilden und damit neue Brüche herbeizuführen. Die Angehörigen, die sich zunehmend als Individuen verstanden, nahmen aktiv an der freien Marktwirtschaft und der Medien- und Kulturlandschaft teil. Sie nutzten die Medien, die das Sprachrohr der säkularen Bourgeoisie waren, als Werbeplattform in eigener Sache. Auch die Frau hatte in diesem Erfolgsmodell ihren Platz. Eine Modeindustrie für traditionell religiöse Frauen entstand und pries sich auf Modewochen und Shows und in neu aufgelegten Modezeitschriften an. Es ist vor allem die Frau in der Gesellschaft, die am ehesten mit dem Begriff des Elitären in Verbindung gebracht wird: Es entstand eine Typologie der wohlhabenden Frau oder der wohlhabend wirkenden Frau.[41]

---

40 Vgl. Göle (2002): Über den hybriden Motivislam und Modernität, S. 16.
41 Vgl. Kuran (2002): Die ökonomischen Gesichter des Islam, S. 121.

Die 1990er Jahre setzten eigene Maßstäbe in der Identitätsfindung in der türkischen Gesellschaft. Eine muslimische Zivilgesellschaft konnte sich im Rahmen der sozio-ökonomischen Entwicklung behaupten, die natürlich nicht von den globalen Parametern isoliert betrachtet werden kann.

Alle zukünftigen sozio-ökonomischen Entwicklungen sind von den Prognosen der Globalisierung abhängig. Daher ist die auserlesene Minderheit in der Türkei, ob nun religiös oder säkular, von diesen Prognosen abhängig. Diese zwei Bourgeoisien haben nach ihren Möglichkeiten Anteil an der Populär- und Konsumkultur. Die Eigendynamik ist bei sozio-ökonomischen und kulturellen Entwicklungen das ausschlaggebende Moment – wird es nicht beachtet, so werden lebenswichtige Themen vernachlässigt, und die Gesellschaft droht künstlich weiterzubestehen.

Fazit und Resümee

Das Osmanische Reich konnte die vor dem 19. Jahrhundert existierende sozio-ökonomische Struktur nicht aufrechterhalten. Im Namen der Erneuerung wurden 1839 der Tanzimat-Ferman, 1856 der Islahat-Ferman, 1876 die I. Mesrutiyet (Verfassung) und 1908 die II. Mesrutiyet verabschiedet, die jedoch keine positiven Veränderungen brachten. Bestandteil dieser Erneuerung war immer die Schaffung einer lokalen Bourgeoisie. Die Erfahrung der Republikgründung sollte jedoch zeigen, dass im Gegensatz zum Westen ein solcher gesellschaftlicher Akteur nicht vorhanden ist. Dort entstand und entwickelte sich die Bourgeoisie aus einer Eigendynamik. Im Osmanischen Reich, aber auch in der modernen Türkei, entstand in allen wirtschaftlichen Phasen (1923 bis 1932 der von dem privaten Sektor abhängige Aufschwung, 1933 bis 1938 die Phase der Verstaatlichung, 1939 bis 1950 die Kriegsökonomie, 1950 bis 1960 die Ära der Demokrat Parti, 1960 bis 1963 die Phase des Militärputschs, 1963 bis 1978 der planwirtschaftliche Aufschwung) eine Bourgeoisie allein mit der Unterstützung durch den Staat.[42]

Eine tatsächliche Elitenbildung hat sich erst seit den 1980er Jahren vollziehen können. Die Politik Özals führte zu einer liberalen Ökonomie. Über die Regeln der freien Marktwirtschaft wurde ein Wettbewerb entfacht, der

---

42 Vgl. Boratav (2008): Die Geschichte der türkischen Volkswirtschaft, S. 117–144.

zu einer Qualitätssteigerung führte, die regionale Wirtschaft förderte und neue Wirtschaftsmächte entstehen ließ.[43] Nach 1990 kam mit den Neo-Liberalen eine breitere religiöse Nuancierung. Der Homo oeconomicus der 1980er Jahre schuf auch den Homo islamicus der 1990er Jahre. Beide Elitenkategorien sind, ungeachtet, ob säkular oder religiös, zu bestimmenden Akteuren innerhalb der Gesellschaft aufgestiegen.

Die wichtigste Frage dabei ist es, wie es die türkische Gesellschaft schaffen kann, die sozio-ökonomische Dynamik beizubehalten, ohne dabei einen Bruch im eigenen Bewusstsein zu erleiden. In den vergangenen drei Dekaden gab es einen rücksichtslosen Wettbewerb zwischen dem grünen Kapital und den säkularen Eliten. Dabei traten auch die Widersprüche des grünen Kapitals hervor. Der Glaube gibt vor, die Wirtschaft zu gestalten, dabei aber die Gemeinschaftsinteressen dem eigenen Interesse voranzustellen. Dieses ethische Wirtschaften hätte das Potential, Ungerechtigkeiten abzumildern. Dies kann jedoch nur geschehen, wenn man dem Glauben auch eine Funktionalität zuweisen kann.

Literaturverzeichnis

Alpay, Y. (2008): Die türkische Wirtschaftsgeschichte. (Orig.: Türkiye Ekonomi Tarihi). Istanbul.

Arslan D. A. (2007): Eliten-Soziologie. (Orig.: Elit Sosyolojisi). Ankara.

Arslan D.A. (2007): Aus der Eliten-Theorie Betrachtet: Die soziologischen Profile der Canakkale –Abgeordneten (Orig.: Elit Teorisi Perspektifinden Canakkale Milletvekillerinin Sosyal Profilleri), Sosyal Bilimler Enstitüsü Dergisi Nr. 22, Jahr 2007/1, S. 1–22.

Aydemir, Ş.S. (2003): Reform und Kader. (Orig.: Inkılap ve Kadro). (5. Auflage). Istanbul.

Boratav, K. (2008): Die Geschichte der türkischen Volkswirtschaft. (Orig.: Türkiye Iktisadi Tarihi). (12. Auflage). Istanbul.

Borlandi, M. und Raymond Boudon, Mohamed Cherkaoui, Bernard Valade (2011): Dictionnaire de la pensée sociologique. (Orig.: Sosyolojik Düşünce Sözlüğü). Istanbul.

---

43 Vgl. Cizakca/Akyol (2012): Das vergessene kapitalistisch-ethische Wirtschaftsmodell des Islams, S. 13–23.

Cem, I. (2010): Die Geschichte der türkischen Rückständigkeit. (Orig.: Türkiye de Geri Kalmışlığın Tarihi). (3. Auflage). Istanbul.

Carkoğlu, A und Binnaz Toprak (2006): Glaube, Gesellschaft und Politik in der sich wandelnden Türkei. (Orig.: Değişen Türkiye'de Din, Toplum ve Siyaset). Istanbul.

Cizakça, M. und Mustafa Akyol (2012): Das vergessene kapitalistisch-ethische Wirtschaftsmodell des Islams. (Orig.: Islam'ın Unutulan Ekonomik modeli AhlakiKapitalizm). Istanbul.

Dawson, C. (2003): Progress and Religion: An Historical Inquiry. (Orig.: Ilerleme ve Din Übersetzt Kaplan Y. und Dogan Aylin). Istanbul.

Duman, M.Z. (2007): Das Sozialprofil der türkischen Bourgeois-Klasse. (Orig.: Türkiye'de Burjuva Sınıfının Sosyal Profili). In: SOSYOEKONO-MI, Jahr 3, Nr. 5: S. 33–46.

Erkal, M.E. (1994): Das kulturelle Fundament des Wirtschaftsaufschwungs. (Orig.: Iktisadi Kalkınmanın Kültür Temelleri 4. Auflage). Istanbul.

Göçek, F.M. (1999): Der Aufstieg der Bourgeoisie, der Zerfall des Reiches und die osmanische Verwestlichung und gesellschaftlicher Wandel. (Orig.: Burjuvazinin Yükselişi, Imparatorluğun Cöküşü Osmanlı Batılılaşması ve Toplumsal Değişme). Ankara.

Göle, N. (2002): Über den hybriden Motivislam und Modernität. (Orig.: Melez Desenler Islamve Modernlik Üzerine). Istanbul.

Gönel, F.D. (2010): Aufschwungsökonomie. (Orig.: Kalkınma Ekonomisi). Ankara.

Güner, A. O. (1978): Der Aufschwung der Türkei und die staatliche Wirtschaftsorganisation. (Orig.: Türkiye'nin Kalkınması ve Iktisadi Devlet Teşekkülleri). (2. Auflage). Istanbul.

Haenni, P. (2011): Market Islam. (Orig.: Piyasa Islamı Übersetzt von Levent Ünsaldı). Ankara.

Keyder, C. (2001): Der Staat und die Klassen der Türkei. (Orig.: Türkiye'de Devlet ve Sınıflar). (7. Auflage). Istanbul.

Kirman, M.A (2004): Lexikon der Religionssoziologie. (Orig.: Din Sosyolojisi Terimleri Sözlügü).

Kuran, T. (2002): Die ökonomischen Gesichter des Islam. (Orig.: Islamın ekonomik yüzleri). Istanbul.

Manisalı, E. (2004): Der innere Trieb des Kapitalismus. (Orig.: Kapitalizmin Temel Icgüdüsü). (3. Auflage). Istanbul.

Mardin, S. (1995): Religion und Politik in der Türkei. (Orig.: Türkiye'de Din ve Siyaset). Istanbul.

Marshall, G. (1999): A Dictionary of Sociology. (Orig.: Sosyoloji Sözlügü). Ankara.

Mortan, K. und Cakmaklı, C. (1987): Von der Vergangenheit und Zukunft: Suche nach Aufschwung. (Orig.: Geçmişten Geleceğe Kalkınma Arayışları). Istanbul.

Özel, M. (1994): Individuum, Bourgeois und Wohlhabender. (Orig.: Birey, Burjuva ve Zengin). Istanbul.

Pareto, W. (2005): The Rise and Fall of Elites. (Orig.: Seçkinlerin Yükselişi ve Düşüşü Übersetzt von Dogan M. Z.). Ankara.

Parla, T. (1985): Ziya Gökalp, Kemalismus und der türkische Korporatismus. (Orig.: Ziya Gökalp, Kemalizm ve Türkiye'de Korporatizm). Istanbul.

Saybaşılı, K. (1986): Der Staatliche Eingriff in die Wirtschaft. Ankara.

Sombart W. (2008): Bourgeois. (Orig.: Burjuva Übersetzt von Adanır O.). Ankara. Tabakoğlu, A.und Kurt I. (1987): Der Wirtschaftliche Aufschwung und Islam. Istanbul.

Usta, E.S (2005): Die Freitagspredigten Atatürks. (Orig.: Atatürk'ün Cuma Hutbeleri). Istanbul.

Yayla, A. (2007): Wirtschaft und Leben. (Orig.: Iktisat ve Hayat). Ankara.

Yilmaz, F. (2011): Die Natur der Politik in der Wirtschaft. (Orig.: Iktisatta Politik'in Doğası). (3. Auflage). Jahrgang 4/Nr. 1: S. 91–109.

Fahri Türk & Ahmet Baran Dural
Die Entstehung des türkischen Bürgertums in der jungtürkischen Ära (1908–1918)

Abstract: The Turkish bourgeoisie gradually emerged in the second half of the 19th century. The process gained momentum, however, as the Young Turks came to power in 1908. Hence the events of the period of 1908–1918, in which the Turkish government took some measures, such as the introduction of the compulsory use of Turkish as the correspondence language in the country's economic life.

Einleitung

Obwohl sich das türkische Bürgertum in der zweiten Hälfte des 19. Jahrhunderts allmählich zu entwickeln begann, beschleunigte sich dieser Prozess erst mit der Machtübernahme der Jungtürken im Jahr 1908. In der Zeit zwischen 1908 und 1918 traf die osmanische Regierung einige Maßnahmen zur Nationalisierung des türkischen Wirtschaftslebens. Als Beispiele sei auf die Gründung von türkischen Unternehmen während des Ersten Weltkrieges und auf die Einführung der türkischen Sprache als Korrespondenzsprache in der Wirtschaft verwiesen. Mit anderen Worten: Die Jungtürken verfolgten eine Politik, die auf die Unterstützung von türkischen Investoren abzielte, was vom türkischen Staat ebenfalls in der frührepublikanischen Ära praktiziert wurde. Dies erschien den türkischen Politikern als der einzige Weg, der die Türkei von der wirtschaftlichen Abhängigkeit vom Ausland befreien konnte. Die entsprechenden politischen Maßnahmen trugen unmittelbar zum Aufkommen des nationalen türkischen Bürgertums bei.

Das Ziel dieses Aufsatzes ist es, die Entstehung des türkischen Bürgertums in der Ära der Jungtürken in seinen Grundzügen darzustellen. In diesem Zusammenhang wird der Entwicklung des türkischen Bankenwesens, der Gründung von Wirtschaftsgesellschaften sowie der Rolle von Kara Kemal Bey eine besondere Rolle beigemessen. Um die Rahmenbedingungen der Entstehungsgeschichte des türkischen Bürgertums besser verständlich machen zu können, wird in einem ersten Schritt auf das Verhältnis zwischen ethnischen Minderheiten und Mehrheiten im türkischen

Wirtschaftsleben eingegangen. Anschließend werden die politischen Maßnahmen der türkischen Elite zur Schaffung einer nationalen Ökonomie dargestellt. In diesem Zusammenhang wird insbesondere die Bedeutung der Abschaffung der Kapitulationen für die Unabhängigkeit der türkischen Wirtschaft diskutiert.

Die Struktur der türkischen Gesellschaft

Die zivile und militärische Bürokratie im Osmanischen Reich beruhte auf den oberflächlich türkifizierten und islamisierten gesellschaftlichen Schichten aus den Reihen der sogenannten 'Reâyâ' (nichtmuslimische Untertanen der Sultane), die aus der türkischen Elitenrekrutierungspolitik hervorging. Der Sachverhalt Muslim zu sein, war der Schlüssel zum gesellschaftlichen Aufstieg und zur beruflichen Karriere in der osmanischen Gesellschaft. So kam für ethnische Türken nur eine Karriere in der religiösstaatlichen Bürokratie in Frage. Aufgrund des auf Expansion ausgerichteten wirtschaftlichen Systems des Osmanischen Reiches wurden Tätigkeiten im wirtschaftlichen Bereich unter der muslimischen Bevölkerung nicht hoch eingeschätzt. Diese präferierten vielmehr im staatlich-militärischen Bereich eingesetzt zu werden.[1]

In der Konsequenz war der wirtschaftliche Bereich weitgehend von Angehörigen der nicht-muslimischen Bevölkerung des Osmanischen Reiches besetzt. Im 19. Jahrhundert wurde der finanzwirtschaftliche Sektor des Landes beispielsweise durch die sogenanten Bankiers von Galata (Galata Bankerleri), die aus Juden, Armeniern und Griechen bestanden, beherrscht.[2] Bis in die 1840er Jahre nahm das Minderheiten-Bürgertum mehr oder weniger die Aufgabe wahr, als Helfer der regierenden staatlichen Eliten zu agieren. Bis in die zweite Hälfte des 19. Jahrhunderts störte die Überlegenheit der christlich-jüdischen Minderheiten im finanzwirtschaftlichen Sektor die türkisch-muslimische Führungselite nicht, da der Anteil der Muslime im öffentlich-rechtlichen Bereich demjenigen der nicht-muslimischen

---

1   Vgl. Kodaman, Bayram, II. Meşrutiyet Dönemi (1908–1914), Türkler, Vol. XII, Ankara, 2006, S. 167 f.
2   Vgl. Canyaş, Orkunt F., Osmanlı İmparatorluğu'nun Son Döneminde Bürokratik Elitin Modernleşme Çabaları ve Misyonerlik Faaliyetleri, in: Journal of Yaşar University, Vol. 9, Nr. 33, 2014, S. 5680.

Bevölkerung weit überlegen war. Diese Tatsache wird von dem türkischen Soziologen Şerif Mardin folgendermaßen dargestellt: Der wirschaftliche Sektor wurde von den Osmanen nicht als zentrales Tätigkeitsfeld angesehen. Er war ein Bereich, auf dem ausschließlich Nicht-Muslime agierten. Denn die osmanische Gesellschaft interessierte sich mehr für Fragen der politischen Macht als für Fragen der Wirtschaft. Politische Macht wurde höher eingeschätzt als ökonomischer Reichtum.[3] Infolgedessen betrachtete die osmanische Verwaltung den wirtschaftlichen Sektor als ein Gut, das an die nicht-muslimischen Untertanen quasi vermietet war und welches diese bis zum Ende des 18. Jahrhunderts auch gut zu bedienen wussten.[4] Damit konzentrierte sich die Tätigkeit der Türken in der staatlichen Verwaltung im Grunde genommen auf den militärischen Dienst. Im Gegensatz dazu fiel die Tätigkeit von Türken im wirtschaftlichen Bereich sehr bescheiden aus. Ihr prozentualer Anteil am Außenhandel betrug nicht einmal vier Prozent.[5]

Während in den führenden westeuropäischen Staaten wie England, Frankreich und Deutschland ein starkes Bürgertum entstand, steckte die Entstehung eines funktionierenden Bürgertums im Osmanischen Reich noch in den Kinderschuhen. Das Miri-Landsystem (Miri Toprak Rejimi) übte einen großen Einfluss auf die Gestaltung der türkischen Verwaltungs- und Finanzstruktur aus und kann als wesentlicher Faktor für die Verhinderung der Entstehung eines starken türkischen Bürgertums angeführt werden, da nach diesem System der Grund und Boden ausschließlich dem Staat gehörte und nicht der Aristokratie, wie es etwa in England der Fall war.[6] Als weiteres Hemmnis für die Entwicklung eines türkischen Bürgertums sei auf den generellen Mangel an Rechtssicherheit hinsichtlich des Erwerbs und Erhalts von Privateigentum verwiesen, wovon auch die muslimische Bevölkerung betroffen war.[7]

---

3 Mardin, Şerif, Türk Modernleşmesi, Istanbul 1999, S. 210.
4 Vgl. Kınık, Mustafa, İbrahim Müteerrika ve Yayımladığı İlk Kitaplar, in: Kalemişi Dergisi, Vol/Issue 2, 2014, S. 30–32.
5 Vgl. Oktar, Suat/ Varlı, Arzu, İttihat ve Terakki Döneminin Ulusal Bankası: Osmanlı İtibar-ı Milli Bankası, in: Marmara Üniversitesi İktisadi ve İdari Bilimler Fakültesi Dergisi, Vol. 27, No. 2/2009, S. 2 f.
6 Vgl. Duman, Zeki M., Türkiye'de Burjuva Sınıfının Sosyal Profili, Sosyo-Ekonomi, Volume/Issue, 5, No. 5, 2007, S. 37–40.
7 Vgl. ebd., S. 37–40.

Nationalökonomie

Für die Etablierung eines liberalen Wirtschaftssystems im Osmanischen Reich nach dem Vorbild des Manchesterliberalismus engagierten sich besonders die Minderheiten. Michail Portakal und Sakızlı Ohannes Pascha vertraten beispielsweise die Meinung, dass der freie Handel als integraler Bestandteil für eine liberale Wirtschaftsordnung anzusehen sei und der Staat sich folglich von der Einmischung in den wirschaftlichen Bereich möglichst distanzieren solle. Der spätere Finanzminister der „Union für Einheit und Fortschritt", Mehmet Cavid Bey, gehörte ebenso zu den überzeugten Vertretern einer liberalen Wirtschaftspolitik.

Einige renommierte osmanische Autoren vertraten aber auch das Konzept von einer Nationalökonomie im Sinne des deutschen Nationalökonomen Friedrich List.[8] In diesem Zusammenhang sei insbesondere auf Ahmet Mithat Efendi verwiesen. Dieser publizierte im Jahr 1880 ein Buch mit dem Titel "Wirtschaftspolitik", in dem er sich auf der einen Seite für privatwirtschaftliche Initiativen im Außenhandel aussprach, auf der anderen Seite aber auch Schutzzölle auf Importgüter vorschlug.[9] Ahmet Mithat Efendi vertrat dabei die Auffassung, dass die Entwicklung eines nationalen Industriebürgertums mit Hilfe des Staates vorangetrieben werden müsse.

In den darauf folgenden Jahren vertraten auch Ziya Gökalp, Yusuf Akçura und Tekin Alp (Mois Cohen) den Ansatz einer Nationalökonomie. Diese Autoren publizierten in Zeitschriften wie "Türk Yurdu" (Türkisches Land) , "Müdafaa-i Maliye" (Verteidigung der Finanzen) und "İktisadiyyat" (Wirtschaft) Aufsätze, in denen das Konzept der Nationalökonomie verbreitet wurde. Von den Jungtürken unterstützt, profilierte sich insbesondere die

---

8   Ihren Ursprung hat die Nationalökonomie im deutschen Historizismus. Gemäß der Prinzipien der Nationalökonomie soll sich gerade der Staat explizit in die Wirtschaft einmischen. Diese Theorie sieht vor, dass man kein einheitliches Wirtschaftsprogramm durchführt, wodurch die Besonderheiten des jeweiligen Landes berücksichtigt werden. Frederich List weist darauf hin, daß die Wirtschaft eines Landes in Hinblick auf seine Besonderheiten bewertet werden muss und hohe Zollgebühren eingeführt werden müssen, um die Entwicklung eines nationalen Bürgertums vorantreiben zu können (Vgl. Boratav, Korkut, Türkiye İktisat Tarihi 1908–1985, Istanbul 1998, S. 16–19).

9   Vgl. ebd., S. 16–19.

Zeitschrift "İktisadiyyat" zum führenden Periodikum der nationalökonomischen Idee.[10] Gökalp vertrat dort beispielsweise die Auffassung, dass
der klassische Liberalismus ungeeignet sei, das als rückständiges Agrarland
typisierte Osmanische Reich wirtschaftlich zu modernisieren.[11] Dagegen
äußerte sich Tekin Alp in seinem Aufsatz in der Zeitschrift "Türkyurdu"
für eine nationalökonomische Politik in Bezug auf die Agrar-, Industrie-
und Handelsbereiche.[12] Für Yusuf Akçura stellte der nationalökonomische
Ansatz ein wichtiges Instrument für das Gedeihen der türkischen Wirtschaft dar, da er dem Osmanischen Reich eine historische Möglichkeit für
die Befreiung von der wirtschaftlichen Abhängigkeit vom Ausland böte.
Akçura vertrat die Meinung, dass die Türken als Voraussetzung für die
Gründung eines modernen Staates unbedingt ein nationales Bürgertum aufbauen müssten.[13]

Seiner Auffassung nach wäre das Minderheitenbürgertum allein kaum in
der Lage, die Umsetzung einer nationalökonomischen Politik zu bewerk-
stelligen. Das aus nicht-muslimischen Minderheiten bestehende Bürgertum würde stattdessen eher die Entstehung eines nationalen türkischen
Bürgertums verhindern und damit konterkarieren. Akçura begründete seine
Meinung dahingehend, dass das Minderheiten-Bürgertum in erster Linie
an seinen eignen Vorteil denke. Parvüs Efendi stellte der jungtürkischen
Führung nicht nur die Prinzipien der Nationalökonomie vor, sondern
propagierte auch eine finanzielle Unabhängigkeit auf der Grundlage einer
anti-liberalen und imperialistischen Haltung. Er war der Auffassung, dass
das Osmanische Reich sich nur durch die Industrialisierung des Landes
von seinen Schulden befreien könne. Darüber hinaus wies Parvüs Efendi
darauf hin, dass zwischen den türkischen Eliten und dem türkischen Volk
eine riesige Kluft bestünde.[14]

---

10 Vgl. Akkuş, Turgay, Bir İktisadi Siyasa Projesi: Milli İktisat ve Bursa, ÇTTAD,
Vol.VII, Jg.17, Izmir 2008, S. 121–122; Ahmad, Feroz, İttihatçılıktan Kemalizme, Istanbul 1996, S. 30.

11 Vgl. Heyd, Uriel, Türk Ulusçuluğunun Temelleri, Ankara 2002, S. 151.

12 Vgl. Alp, Tekin, İktisadiyyat Berlin-İstanbul Yolu, in: Türk Yurdu, Vol. 9, Jg. 5,
1906, S. 10.

13 Vgl. Toprak, Zafer, Türkiye'de Ekonomi ve Toplum (1908–1950): Milli İktisat-
Milli Burzuvazi, Istanbul 1995, S. 19 f., Ahmad, İttihatçılıktan Kemalizme, S. 67.

14 Vgl. Parvüs Efendi, Türkiye'nin Mali Tutsaklığı, Istanbul, 1977, S. 7–42.

Kapitulationen

Ein wichtiges Hindernis für die Entwicklung des türkischen Bürgertums waren die wirtschaftlichen Kapitulationen, die man erstmals im Jahr 1535 dem französischen König Franz II. befristet für die Regierungszeit vom Sultan Süleyman einräumte. Als Sultan Mahmut I. im Jahr 1740 den Kapitulationen, unabhängig von seiner Regierungszeit, einen dauerhaften Charakter verlieh, erhöhte sich die Zahl der von diesen Privilegien Gebrauch machenden Staaten enorm. Von diesen sogenannten erweiterten Kapitulationen machten neben Frankreich und England auch Preußen und Rußland Gebrauch.[15] Das im Laufe der Zeit mit der Staatsschuldenverwaltung integrierte kapitulative System war nicht nur unvereinbar mit der Souveränität des Osmanischen Reiches, es verhinderte zudem die Reformenbestrebungen im administrativ-finanziellen Bereich. Infolgedessen brachte Großwesir Ali Pascha die Abschaffung von Kapitulationen während des Pariser Kongresses im Jahr 1856 erstmals und erfolglos auf die Tagesordnung.[16]

Im Mai 1913 unterbreitete die osmanische Regierung erneut einen Vorschlag zur Abschaffung der Kapitulationen, welcher von Seiten Englands mit der Unterstützung der anderen Großmächte jedoch strikt abgelehnt wurde. Dem Osmanischen Reich gelang es erst während des Ersten Weltkrieges, sich von den Kapitulationen zu befreien, nachdem die Jungtürken am 18. September 1914 mit dem Beschluß (Irade) von Sultan Mehmet Reşat die Kapitulationen einseitig aufhoben.[17] Für eine internationale Anerkennung dieses Beschlusses mussten sie bis zum Jahr 1917 warten. Sogar Deutschland opponierte gegen die Abschaffung von Kapitulationen, obwohl es der Verbündete des Osmanischen Reiches war. Besonders merkwürdig war, dass der Iran ebenfalls gegen die Entscheidung der jungtürkischen Regierung protestierte.[18]

---

15 Vgl. Pamir, Aybars, Kapitülasyon Kavramı ve Osmanlı Devleti'ne Etkileri, Ankara Üniversitesi Hukuk Fakültesi Dergisi, Vol. 51/2, Ankara 2002, S. 86–88.

16 Vgl. Türkmen, Zekeriya, Osmanlı Devleti'nde Kapitülasyonların Uygulanmasına Toplu Bir Bakış, in: Osmanlı Tarihi Araştırmalar Merkezi Dergisi, Nr. 6, Ankara 1995, S. 338 f.

17 Vgl. ebd., S. 339 f.

18 Vgl. Taner, Tahir, Lozan Muahedesi ve Kapitülasyonların İlgası, Muammer Reşad Seviğ'e Armağan, Istanbul 1942, S. 631 f.

Die Entstehung des türkischen Bürgertums

Die Abschaffung von Kapitulationen während des Ersten Weltkrieges schuf eine günstige Lage für die Entstehung des türkischen Bürgertums. Ferner sei auf die Konsequenzen der Deportation der armenischen Bevölkerung aus den anatolischen Landesteilen des Osmanischen Reiches im Jahr 1915 verwiesen, deren verbliebene Immobilien und Betriebe sich die den Jungtürken nahestehenden muslimisch-türkischen respektive -kurdischen Großgrundbesitzer und Händler aneigneten. Überdies leitete die jungtürkische Regierung unter Aufsicht von Kara Kemal Bey die Gründung von Genossenschaften und Wirtschaftsgesellschaften ein, die zur Weiterentwicklung des türkischen Bürgertums beitrugen. Die verbindliche Einführung der türkischen Sprache als Korrespondenzsprache für alle im Osmanischen Reich tätigen ausländischen Unternehmen ebnete den Weg für muslimischtürkische Untertanen des osmanischen Staates als Beamte und/oder Angestellte in diesen Betrieben eingestellt zu werden.[19] In der Zeit zwischen 1908 und 1918 wurden insgesant 236 Firmen mit türkischem Kapital ins Leben gerufen. Darüber hinaus wurden die türkische Firmen mit Krediten von der Ziraat Bank unterstützt.[20]

Analog dazu ergriff die jungtürkische Regierung Maßnahmen, die den Einfluß des nicht-muslimischen Minderheiten-Bürgertums eindämmte. In Bursa beispielsweise förderte die jungtürkische Regierung, aber auch das deutsche Kapital die türkischen Händler bzw. Investoren, wo zuvor Griechen und Armenier das städtische Wirtschaftsleben weitgehend bestimmt hatten. So gründete Hacı Saffet Bey, der als Filialleiter der deutschen Orientbank in Bursa gedient hatte, die osmanische Textilienfabrik GmbH (Mensucat-ı Osmaniye Anonim Şirketi) im Jahr 1910 und die Balıkesir Seelinie GmbH (Hüdavendigar Seyr-i Sefain Anonim Şirketi) im Jahr 1911.

In diesem Zusammenhang ist auch darauf hinzuweisen, dass sich Hacı Saffet Bey und andere türkisch-muslimische Händler und Investoren die

---

19 Vgl. Kasaba, Reşat, Dünya, İmparatorluk ve Toplum: Osmanlı Yazıları, Istanbul 2005, S. 135. Zur Verwendung der türkischen Sprache im Wirtschaftsleben des Landes siehe auch Keyder, Çağlar, Türkiye'de Devlet ve Sınıflar, Istanbul 1999, S. 90.

20 Vgl. Kasaba, Dünya, İmparatorluk ve Toplum: Osmanlı Yazıları, S. 135.

Immobilien und Werke der in Bursa und in den Küstenstädten der Schwarz-
meerregion ansässigen Armeniern und Griechen aneigneten, die 1915 de-
portiert wurden.[21] Parallel zu diesen Entwicklungen wurde die Idee der
ausschließlichen Konsumierung von nationalen Produkten und Erzeug-
nissen in lokalen Zeitungen wie "Ertuğrul" und "Anadolu" verbreitet.
Man sollte darauf verzichten, importierte und qualitativ minderwertige
Produkte zu konsumieren. So schaltete etwa eine Faser- und Stofffabrik aus
Bursa in den genannten Zeitungen eine Anzeige, in der den osmanischen
Verbrauchern geraten wurde, auf den Kauf von qualitativ minderwertigen
europäischen Stoffen zu verzichten und stattdessen auf die hochwertigen
Stoffe aus Bursa zurück zu greifen.

In der Zeit zwischen 1908 und 1913 bzw. in der jungtürkischen Ära beteiligten sich türkische Unternehmer und Händler am Wirtschaftsleben des
Landes eher zurückhaltend. Sie ergriffen kaum Eigeninitiative und agierten
eher als Partner bzw. Vertreter von ausländischen Firmen. Aufgrund der
skizzierten Umwälzungen zugunsten der Türken waren die ausländischen
Unternehmen zunehmend bereit, mit türkischen Partnern zusammenzuar-
beiten. Denn die ausländischen Investoren wollten mit dieser Vorgehensweise der nationalökonomischen Politik der Jungtürken nicht im Wege
stehen und konnten somit einem Boykott der Bevölkerung ausweichen. Ein
weiterer Faktor für die Kooperationsbereitschaft ausländischer Investoren
war die dem türkischen Markt entgegengebrachte Sympathie des deutschen
Kapitals.[22]

Trotz dieser Maßnahmen blieb der Anteil der Türken am Wirtschafts-
leben des Osmanischen Reiches sehr bescheiden. Von den insgesamt 18.063
Unternehmen im Jahr 1912 betrug der Anteil der von Türken geführten
Unternehmen nur 15 Prozent. An erster Stelle rangierten Griechen (43
Prozent), gefolgt von Armeniern (23 Prozent) sowie Juden und anderen
Minderheiten (19 Prozent). Der Anteil der Türken in den traditionellen
handwerklichen Bereichen betrug lediglich 12 Prozent. In Bursa lag der
Anteil der türkischen Firmen im Gewebesektor bei nicht mehr als 12,5
Prozent.[23]

---

21 Vgl. Akkuş, Bir İktisadi Siyasa Projesi: Milli İktisat ve Bursa, S. 126 f.
22 Vgl. Toprak, Türkiye'de Ekonomi ve Toplum, S. 107.
23 Vgl. ebd., S. 107.

Die Zahl der Firmen mit türkischem Kapital stieg in der jungtürkischen Ära im Vergleich zur Vorperiode sehr rasch an. Zwischen 1886 und 1908 operierten nur 24 türkische Industriefirmen im ganzen Osmanischen Reich. Dagegen erhöhte sich ihre Zahl in der Zeit zwischen 1908 und 1913 auf 27 Firmen.[24] Man erzielte erst während des Ersten Weltkrieges einen zahlenmäßig sprunghaften Anstieg in Bezug auf die Unternehmensgründungen mit türkischem Kapital. So wurden während des Ersten Weltkrieges insgesamt 72 Firmen gegründet. Davon waren 42 im Handels- und Industrie-, 15 im Bau- und Transport-, 9 im Versicherungs- und 6 im Agrarsektor tätig. Während der nationale Anteil der Türken am Gesamtkapital im Jahr 1908 noch auf etwa 3 Prozent zu beziffern war, war dieser zehn Jahre später bereits auf 38 Prozent angestiegen. Diese Zahlen belegen, dass die Jungtürken die Entstehung des türkischen Bürgertums weitgehend unterstützt hatten.[25] Anstelle der nichtmuslimischen Investoren bevorzugte man die den Jungtürken nahestehenden muslimisch-türkischen Händler in Anatolien. Das bedeutet, dass der Binnenmarkt, der sich bis zur damaligen Zeit in den Händen nicht-muslimischer Händler befand, zunehmend von muslimisch-türkischen Händlern kontrolliert und damit nationalisiert wurde.[26] Außerdem plante die jungtürkische Regierung den Bau neuer Landwege und Eisenbahnstrecken, um neue Märkte für anatolische Produkte zu erschließen und die Verflechtungen des nationalen Binnenmarkten weiter auszubauen. Allerdings konnte diese Pläne seinerzeit nicht in die Tat umgesetzt werden.[27]

Mit den Balkankriegen und dem Ersten Weltkrieg bot sich für die Jungtürken die Gelegenheit, die lang ersehnte Schaffung eines türkischen Bürgertums auf die Tagesordnung zu bringen. In den Kriegsjahren erwies sich der Getreidehandel für die Versorgung von Istanbul als das profitabelste

---

24 Vgl. Eldem, Vedat, Osmanlı İmparatorluğu'nun İktisadi Şartları, Ankara 1970, S. 122.

25 Vgl. Kıvılcımlı, Hikmet, Türkiye'de Kapitalizmin Gelişimi, Istanbul 2007, S. 82; Oktar/ Varlı, İttihat ve Terakki Döneminin Ulusal Bankası: Osmanlı İtibar-ı Milli Bankası, S. 5; Akşin, Sina, Jön Türkler ve İttihat Terakki, Istanbul 1998, S. 428 f.

26 Vgl. Toprak, Zafer, İttihat Terakki ve Cihan Harbi (Savaş Ekonomisi ve Türkiye'de Devletçilik 1914–1918), Istanbul 2003, S. 190 ff.

27 Vgl. Kuruç, Bilsay, Mustafa Kemal Döneminde Ekonomi, Ankara 1987, S. 54–98.

Geschäft. Die Bahnwaggons, die für den Weizentransport reserviert waren, standen den Geschäftsleuten zur Verfügung, die den Jungtürken nahestanden. Die staatliche Unterstützung dieser Geschäftsleute führte allerdings zur Entstehung einer unerwünschten Situation, nämlich zu der Herausbildung einer Wucherschicht. Der türkische Staat betrieb eine Politik, die darauf abzielte, eine neue reiche wohlhabende türkische Klasse zu kreieren.[28] Die "Union für Einheit und Fortschritt" ergriff ab dem Jahr 1916 die Initiative für die Entwicklung einer nationalen Wirtschaft und trug damit erheblich zur Akkumulation von nationalem Kapital bei, welches für die Gründung der national-türkischen Wirtschaftsgesellschaft als essentieller Bedeutung war. Als Resultat dieser Politik entstanden in der Zeit zwischen 1908 und 1914 insgesamt 236 Betriebe mit türkischem Kapital.[29]

Die Entwicklung des türkischen Bankwesens

Angesichts des Fehlens eines türkisch geprägten Bankwesens übten die Bankiers von Galata (Galata Bankerleri) einen großen Einfluß auf das osmanische Finanzwesen aus. Die erste osmanische Bank war die "Istanbuler Bank" (İstanbul Bankası), die im Jahr 1846 gegründet wurde. Diese musste jedoch am Vorabend des Krimkrieges (1853–1856) bereits Insolvenz anmelden. In der Folge wurde im Jahr 1856 die "Osmanische Bank" (Osmanlı Bankası) unter Zuhilfenahme von englischem Kapital etabliert. Diese Bank agierte mit späterer Beteiligung auch französischen Kapitals als die Staats- und Emissionbank des Osmanischen Reiches und machte ebenfalls Geschäfte mit der Staatsschuldenverwaltung (Düyun-i Umumiye). Infolgedessen wurde diese Institution als Staat im Staat betrachtet.[30] Aus diesem Grund waren die Führer der Jungtürken davon überzeugt, dass man eine nationale Bank mit türkischem Kapital gründen müsse. In diesem Zusammenhang ist zu unterstreichen, dass zwischen 1911 und 1912 insgesamt neun Banken in der Türkei gegründet wurden, von denen nur zwei in Istanbul ansässig waren.[31]

---

28 Vgl. Oktar/ Varlı, İttihat ve Terakki Döneminin Ulusal Bankası: Osmanlı İtibar-ı Milli Bankası, S. 4.
29 Vgl. ebd., S. 5.
30 Vgl. ebd., S. 5 ff.
31 Vgl. ebd., S. 9.

Die Jungtürken glaubten an die Notwendigkeit der Existenz einer starken nationalen Wirtschaft einschl. entsprechender Institutionen, um die finanzielle Unabhängigkeit vom europäischen Kapital zu erreichen. Zu diesem Zweck unterstützten die Jungtürken die Entwicklung eines nationalen Bankwesens, in dem man in parteinahen Tageszeitungen wie etwa "Tanin" mediale Kampagnen für die Gründung einer nationalen Bank durchführte.[32] Schließlich gelang es der jungtürkischen Regierung im Jahr 1917 die "Osmanische Bank für nationale Würde" (Osmanlı İtibar-ı Milli Bankası) mit einem Startkapital von vier Millionen Türkischen Lira unter der Leitung von Cavit Bey in Istanbul zu etablieren und damit eine nationale Kreditinstitution zu schaffen. Darüber hinaus wurde angewiesen, dass fortan jegliche Bankgeschäfte in türkischer Sprache abgewickelt werden mussten.[33]

Parallel zu diesen Entwicklungen gründete man auch Banken in anderen anatolischen Städten wie beispielsweise in Konya, wo 1911 die "Nationale Wirtschaftsbank von Konya" (Konya Milli İktisat Bankası) mit einem Startkapital von 300.000 Türkischen Lira ihre Geschäfte aufnahm. Außerdem wurde im Jahr 1913 die "Islamische Bank von Adapazarı" (Adapazarı İslam Bankası) mit einem Startkapital von 100 Gold-Lira in Form einer Kommanditgesellschaft gegründet, die aus dem Protest gegen die Anforderungen der "Osmanischen Bank" hervorging. So hatte die osmanische Bank den Kreditwunsch eines türkischen Händlers von der Bürgschaft eines nichtmuslimischen Händlers abhängig gemacht, weswegen führende Händler von Adapazarı die Gründung einer eigenen Bank beschlossen.[34]

Die Gründung der Wirtschaftsgesellschaften und Kara Kemal Bey

Nach der jungtürkischen Revolution im Jahr 1908 wurden neue Gesetze und Regelungen für die Förderung und Erleichterung von Gesellschaftsgründungen seitens des muslimischen Teils der Bevölkerung in Kraft gesetzt. Darüber hinaus publizierte man Zeitungsartikel, in denen die Bedeutung der Gründung von Wirtschaftsgesellschaften thematisiert wurde. Infolge-

---

32 Vgl. ebd., S. 12.
33 Vgl. ebd., S. 13 f.
34 Vgl. Şanda, Avni, Türkiye'de İlk Sermaye Şirketleri 1860–1918, Istanbul 1967, S. 10 f.

dessen wurden zwischen 1908 und 1918 viele Wirtschaftsgesellschaften mit türkischem Kapital gegründet. Im Folgenden sollen die wichtigsten Gesellschaftsgründungen vorgestellt werden.[35] Die Jungtürken ermutigten die türkische Bevölkerung vor allem zur Gründung von auf nationalem Kapital beruhenden Aktiengesellschaften. Die erste Wirtschaftsgesellschaft, die von den Jungtürken gegründet wurde, war die "Schifffahrtsgesellschaft" (İttihat-ı Seyr-i Sefain Şirketi). Darüber hinaus rief man die "Nationale Distributionsgesellschaft" (Milli Kantariye Şirketi) mit einem Startkapital von 250.000 Türkischen Lira, die "Wirtschaftsgesellschaft für anatolische nationale Produkte" (Anadolu Milli Mahsulat Şirketi) mit einem Startkapital von 250.000 Türkischen Lira sowie die "Wirtschaftsgesellschaft der Bäcker" (Ekmekçiler Şirketi) mit einem Startkapital von 100.000 Türkischen Lira ins Leben (vgl. Tabelle 1).

Tabelle 1: Die von Kara Kemal Bey gegründeten nationalen Wirtschaftsunternehmen

Unternehmen	Gründungsdatum	Gründungskapital (Währung TL)	Tätigkeitsbereich
Die nationale Produktion GmbH (Milli Mahsulat A.Ş.)	23. August 1915	200.000	An- und Verkauf von Getreide, Schaf und Wolle.
Die nationale Import-Distributionsgesell-schaft GmbH (Milli İthalat Kanta-riye A.Ş.)	6. September 1916	200.000	Verteilung von Lebensmitteln wie Butter, Zucker, Kaffee usw.
Die nationale Bäcker GmbH (Milli Ekmekçiler A.Ş.)	12. Dezember 1916	100.000	Versorgung der Stadt Istanbul mit Brot.
Die nationale Weberei GmbH (Milli Mensucat A.Ş.)	08. Januar 1917	100.000	Herstellung von Wolle, Baumwolle, Faser, Stoffe usw.

Quelle: Sertel, Savaş/ Yedek, Şahin, İttihat ve Terakki'nin Küçük Efendisi: İaşe Nazırı Kara Kemal Bey'in Hayatı ve Faaliyetleri in: Tarih Okulu Dergisi, Jg.8, Vol. 24, S. 377–403, hier S. 388 f., online abrufbar unter: http://dx.doi.org/10.14225/Joh802, zuletzt abgerufen am 25.04.2016; Ahmad, İttihatçılıktan Kemalizme, S. 49.

---

35 Vgl. Toprak, Zafer, Türkiye'de Milli İktisat 1908–1918, Ankara 1982, S. 36 ff.

Da diese Wirtschaftsgesellschaften von Kara Kemal Bey geleitet wurden, bezeichnete man sie ebenfalls als "Wirtschaftsgesellschaften von Kara Kemal Bey" (Kara Kemal Şirketleri).[36]

Man gründete auch Wirtschaftsgesellschaften, die ausschließlich für die Nahrungsmittelversorgung von Istanbul zuständig waren. Zu diesem Zweck wurde eine Wirtschaftsgesellschaft gegründet, die sich mit Herstellern aus der Stadt Konya, die als Kornkammer des Landes galt, in Verbindung setzte. So vereinbarte man mit diesen ein Abkommen, das eine Lieferung von 3.600 Bahnwaggons Weizen nach Istanbul vorsah. Zwischen 1914 und 1915 wurde die Nahrungsmittelversorgung von Istanbul durch eine besondere Wirtschaftskommision (Heyet-i Mahsusa-i Ticariyye) geleitet. Ab 1915 erfüllte diese Aufgabe die anatolische nationale Erntegesellschaft, die als erste nationale Wirtschaftsgesellschaft unter der Leitung von Kara Kemal Bey entstand. Die Hälfte des Gründungskapitals dieser Gesellschaft in Höhe von 200.000 Türkischen Lira wurde von den anatolischen Händlern aufgebracht. Die andere Hälfte des Kapitals wurde von der Zentralregierung zur Verfügung gestellt. Um den nationalen Charakter dieser Wirtschaftsgesellschaft zu betonen, verankerte man in ihrer Satzung, dass ihre Gesellschafter die osmanische Staatsangehörigkeit besitzen müssen.[37]

Zudem wurden vertragliche Abmachungen mit Händlern in Ankara und Karaman vorgenommen, die ebenfalls Lebensmittel mit Bahnwaggons in die damalige Hauptstadt Istanbul lieferten. Diesen sogenannten "Waggonhandel" (Wagon Ticareti) konnte man nur mit der Unterstützung von einflußreichen Parteifunktionären aus den Reihen der Jungtürken betreiben. Da diese Verbindungsfunktion auch die Vergabe von Bestechungsgeldern mit einschloß, stieg der Preis für die auf dem Markt angebotenen Produkte kontinuierlich an. Analog dazu verstaatlichte die jungtürkische Regierung die sich in griechischem Eigentum befindlichen Mühlen in Istanbul, um eine Bereicherung der griechischen Minderheit zu verhindern.[38]

---

36 Vgl. Şanda, Türkiye'de İlk Sermaye Şirketleri 1860–1918, S. 10 ff.

37 Vgl. Toprak, Zafer, Cihan Harbi Yıllarında İttihat ve Terakki'nin İaşe Politikası, in: Boğaziçi Üniversitesi Beşeri Bilimler Dergisi, 6/1978, S. 3.

38 Vgl. Sertel, Savaş/ Yedek, Şahin, İttihat ve Terakki'nin Küçük Efendisi: İaşe Nazırı Kara Kemal Bey'in Hayatı ve Faaliyetleri, in: Tarih Okulu Dergisi, Jg.8, Vol. 24, S. 384 f., online abrufbar unter: http://dx.doi.org/10.14225/Joh802, zuletzt abgerufen am 25.04.2016.

Auf dem jungtürkischen Parteitag von 1913 beschlossen die Abgeordneten die Schaffung von Berufsvereinen nach europäischem Vorbild. Hiermit
wurde Kara Kemal Bey beauftragt. Er versuchte die von einem Arbeitgeber
unabhängig arbeitende Arbeiterschaft unter dem Dach der "Union für Einheit und Fortschritt" zusammenzubringen. Außerdem wurde der nationale
Verbraucherverein (İstihlak-i Milli Cemiyeti) unter der Leitung von Kara
Kemal Bey gegründet, um den Konsum nationaler Produkte zu fördern.
Das Volk sollte dadurch ermutigt werden, Produkte türkischer Hersteller
zu kaufen. Kara Kemal Bey vereinte die Handwerker von Istanbul nicht nur
unter dem Dach eines Berufsverbandes, sondern organisierte sie in genos-
senschaftlichen Vereinen.[39] Die türkisch-muslimische Bevölkerung wurde
durch diese Institutionen dahingehend unterstützt, dass sie untereinander
Handel treiben und Geschäfte machen sollte. Als Beispiel hierfür sei der Fall
des berühmten Konditors Muhiddin Hacı Bekir angeführt. Dieser berichtete
in einem Interview davon, dass er von Kara Kemal Bey in die Parteizentrale
gebeten wurde und dieser ihm dann vorgeschlagen habe, einen Großbetrieb
für die Halvaproduktion zu gründen. Bei dem Konditor Muhiddin Hacı
Bekir handelte es sich um einen während der Balkankriege nach Istanbul
gekommenen Juden, der sich in kürzester Zeit ein Monopol für Halvaproduktion für ganz Istanbul aufgebaut hatte. Als Folge dieses Gesprächs
mit Kara Kemal Bey startete Hacı Bekir tatsächlich, großbetrieblich Halva
zu produzieren.[40]

In diesem Zusammenhang ist hervorzuheben, dass während des Ersten
Weltkrieges viele Wirtschaftsgesellschaften gegründet wurden, die hohe
Profite erwirtschafteten und damit einen wichtigen Beitrag zur Entstehung
des türkischen Bürgertums leisteten.[41] Entsprechende Wirtschaftsgesellschaften wurden nicht nur in Istanbul sondern auch in anderen Städten
wie Konya, İzmit, İzmir, Uşak, Manisa usw. etabliert.[42] Mit der Auflösung
dieser von Kara Kemal Bey ins Leben gerufenen Wirtschaftsgesellschaften

---

39 Vgl. Sertel/ Yedek, ebd., S. 380 f.
40 Vgl. Dervişoğlu, Fatih M., Nuri Demirağ Türkiye'nin Havacılık Efsanesi, Istan-
    bul 2007, S. 32.
41 Vgl. Sertel/ Yedek, Ittihat ve Terakki'nin Küçük Efendisi: İaşe Nazırı Kara Kemal
    Bey'in Hayatı ve Faaliyetleri, S. 389 f.
42 Zu diesen Firmen siehe ausführlich Ahmad, İttihatçılıktan Kemalizme, S. 50 f.

in der republikanischen Ära infolge des Attentats von Izmir gegen Mustafa Kemal Atatürk, wurden die Erfolge der jungtürkischen Ära auf dem Weg zur Schaffung eines funktionsfähigen nationalen türkischen Bürgertums zunichte gemacht.

Fazit

Wie oben dargestellt wurde, intensivierte sich die Formierung des türkischen Bürgertums während des Ersten Weltkrieges unter der jungtürkischen Herrschaft im Vergleich zur Vorkriegsperiode. Der Übergang zur Nationalökonomie und die Abschaffung von Kapitulationen leisteten einen gewichtigen Beitrag zur Förderung des türkischen Bürgertums. Auf dieser Grundlage konnte man einige Gesetze und Regelungen erlassen, mit deren Hilfe man das wirtschaftliche Leben des Landes nationalisieren bzw. türkisieren konnnte. Als Geburtsstunde des türkischen Bürgertums ist insbesondere die Zeit des Ersten Weltkrieges (1914–1918) anzusehen, in deren Verlauf nationale Banken wie etwa die "Osmanische Bank für nationale Würde" (Osmanlı İtibar-ı Milli Bankası) sowie nationale Wirtschaftsgesellschaften wie etwa die "Nationale Distributionsgesellschaft" (Milli Kantariye Şirketi) etabliert wurden. Im Zuge dessen wurde die Entwicklung des türkischen Finanz- und Handelswesens erheblich vorangetrieben.

Die Abschaffung von Kapitulationen schuf dabei eine gute Grundlage für die Nationalisierung des wirtschaftlichen Lebens in der Türkei. In diesem Zusammenhang ist zu betonen, dass die Reservierungen von Bahnwaggons, die für den Binnenhandel eine wichtige Rolle spielten, denjenigen Wirtschaftsakteuren zugute kamen, die den Jungtürken nahestanden. Wie aus diesem Beitrag hervorgeht, hatten die von den jungtürkischen Regierungen eingeleiteten Maßnahmen zur Nationalisierung der Wirtschaft weitreichende Folgen für weiteren Verlauf der türkischen Geschichte. Die Jungtürken schufen die wesentliche Grundlage, auf der später das neue türkische Bürgertum gedeihen konnte. Allerdings sei an dieser Stelle eindrücklich darauf verwiesen, dass es sich als unvorteilhaft herausstellte, die von Kara Kemal Bey gegründeten Unternehmen in der frührepublikanischen Ära wieder zu liquidieren.

Literaturverzeichnis

Ahmad, Feroz (1996): İttihatçılıktan Kemalizme. Istanbul.

Akşin, Sina (1996): Jön Türkler ve İttihat Terakki. Istanbul.

Akkuş, Turgay (2008): Bir İktisadi Siyasa Projesi: Milli İktisat ve Bursa, in: ÇTTAD, Vol. VII, Jg.17. İzmir, S. 119–141.

Alp, Tekin (1906): İktisadiyyat Berlin-İstanbul Yolu, in: Türk Yurdu, Vol. 9, Jg. 5, S. 10–11.

Boratav, Korkut (1998): Türkiye İktisat Tarihi 1908–1985. Istanbul.

Canyaş, F. Orkunt (2014): Osmanlı İmparatorluğu'nun Son Döneminde Bürokratik Elitin Modernleşme Çabaları ve Misyonerlik Faaliyetleri, in: Journal of Yaşar University, Vol. 9, Nr. 33, S. 5674–5691.

Dervişoğlu, Fatih M. (2007): Nuri Demirağ Türkiye'nin Havacılık Efsanesi. Istanbul.

Duman, M. Zeki (2007): Türkiye'de Burjuva Sınıfının Sosyal Profili, Sosyo-Ekonomi Dergisi, Vol. 5, Nr. 5, S. 33–46.

Heyd, Uriel (2002): Türk Ulusçuluğunun Temelleri. Ankara.

Eldem, Vedat (1970): Osmanlı İmparatorluğu'nun İktisadi Şartları. Ankara.

Kasaba, Reşat, Dünya (2005): İmparatorluk ve Toplum: Osmanlı Yazıları. Istanbul.

Keyder, Çağlar (1999): Türkiye'de Devlet ve Sınıflar. Istanbul.

Kınık, Mustafa, İbrahim Müteerrika ve Yayımladığı İlk Kitaplar, in: Kalemişi Dergisi, Vol. 2/2014, S. 23–40.

Kıvılcımlı, Hikmet (2007): Türkiye'de Kapitalizmin Gelişimi. Istanbul.

Kodaman, Bayram (2006): II. Meşrutiyet Dönemi (1908–1914), in: Türkler, Vol. XII. Ankara, S. 165–192.

Kuruç, Bilsay (1987): Mustafa Kemal Döneminde Ekonomi. Ankara.

Mardin, Şerif (1999): Türk Modernleşmesi. Istanbul.

Oktar, Suat, Varlı, Arzu, İttihat ve Terakki Döneminin Ulusal Bankası: Osmanlı İtibar-ı Milli Bankası, in: Marmara Üniversitesi İktisadi ve İdari Bilimler Fakültesi Dergisi, Vol. 27, No. 2/2009, S. 1–20.

Pamir, Aybars (2002): Kapitülasyon Kavramı ve Osmanlı Devleti'ne Etkileri, in: Ankara Üniversitesi Hukuk Fakültesi Dergisi, Vol. 51, Nr. 2. Ankara, S. 79–119.

Parvüs Efendi (1977): Türkiye'nin Mali Tutsaklığı. Istanbul.

Sertel, Savaş/Yedek, Şahin, İttihat ve Terakki'nin Küçük Efendisi: İaşe Nazı-
rı Kara Kemal Bey'in Hayatı ve Faaliyetleri, in: Tarih Okulu Dergisi, Jg.8,
Vol. 24, S. 377–403, online abrufbar unter: http://dx.doi.org/10.14225/
Joh802, zuletzt abgerufen am 25.04.2016.

Şanda, Avni (1967): Türkiye'de İlk Sermaye Şirketleri 1860–1918. Istanbul.

Taner, Tahir, Lozan Muahedesi ve Kapitülasyonların İlgası, Muammer
Reşad Seviğ'e Armağan. Istanbul 1942.

Toprak, Zafer (1995): Türkiye'de Ekonomi ve Toplum (1908–1950): Milli
İktisat-Milli Burzuvazi, Istanbul.

Toprak, Zafer (2003): İttihat Terakki ve Cihan Harbi (Savaş Ekonomisi ve
Türkiye'de Devletçilik 1914–1918. Istanbul.

Toprak, Zafer (1982): Türkiye'de Milli İktisat 1908–1918. Ankara.

Toprak, Zafer (1978): Cihan Harbi Yıllarında İttihat ve Terakki'nin İaşe
Politikası, in: Boğaziçi Üniversitesi Beşeri Bilimler Dergisi, S. 211–225.

Türkmen, Zekeriya (1995): Osmanlı Devleti'nde Kapitülasyonların Uygulanmasına Toplu Bir Bakış, in: Osmanlı Tarihi Araştırmalar Merkezi
Dergisi, Nr. 6. Ankara, S. 325–341.

Meral Avci

Die Genese der türkischen Bourgeoisie – von ihren Anfängen im Osmanischen Reich bis hin zur jüngeren Phase der Gründung der Republik Türkei

Abstract: The necessity of a strong Turkish economy and bourgeoisie was based on the experiences of the Turkish Republic's founders during the Ottoman Empire. In the early years they therefore took various decisions which had an adverse impact, especially on minorities in the country. In consequence, the face of capitalism within Turkey changed and the economy became more and more homogenized.

Einleitung

Im türkischen Sprachgebrauch ist der Ausdruck „Türkische Bourgeoisie" (*Türk burjuvazisi*) ein historisch omnipräsenter Begriff. Den aufmerksamen inländischen und ausländischen Türkei-Beobachtern wird auffallen, dass dieser Begriff nicht eindeutig definiert ist. Denn er erfasst Namen von Unternehmerfamilien, wie beispielsweise die der Traditionsunternehmen Sabanci Holding oder Koc Holding, aber auch soziale Aufsteiger bzw. Neureiche, die durch die politische Konjunktur wirtschaftliche Vorteile erzielen. Letztgenanntes gilt nicht nur für die gegenwärtige Entwicklung in der Republik Türkei, sondern zieht sich durch die soziale Geschichte der türkischen Gesellschaft. Mit anderen Worten: Die türkische Gesellschaft nimmt keine kritische Verwendung des Begriffes „Türkische Bourgeoisie" im Alltag vor. Ganz im Gegenteil unterliegt der Begriff einer inflationären Verwendung und setzt jeden türkischen Unternehmer gleich.

Eine ähnliche Situation entsteht bei einer kritischen Auseinandersetzung mit der einschlägigen Literatur der Wirtschaftswissenschaften bzw. der türkischen Wirtschaftsgeschichte. Relativ schnell stellt sich heraus, dass eine fokussierte wissenschaftliche Auseinandersetzung mit der Entstehung und Entwicklung der türkischen Bourgeoisie bisher kaum stattgefunden hat. Vielmehr wird die „Türkische Bourgeoisie" in der Fachliteratur als gegeben angesehen und steht immer im Kontext mit den Regierungsmaßnahmen der jungtürkischen Periode oder mit der früheren Phase der Republik Türkei.

Daher ist es umso dringender, sich dieser Thematik zu widmen und sich wissenschaftlich mit der Genese der türkischen Bourgeoisie auseinanderzusetzen, zumal Türkeiforscher bei der Etablierung und Entwicklung der türkischen Bourgeoisie nicht von ähnlichen Bedingungen ausgehen können wie sie in den führenden Industriestaaten England, Deutschland und den USA der Fall gewesen sind. Jedes dieser westlichen Länder hatte zwar seinen eigenen Werdegang hatte, dennoch können aber gemeinsame Merkmale identifiziert werden: Zum einen der Prozess der Entfeudalisierung, als Ausgangsbedingung für die Transformation der Agrarwirtschaft zu einer Industriewirtschaft,[1] zum anderen als gleichgewichtetes Merkmal die säkulare Bildung, die mit der Aufklärung eintrat und technologische Erfindung sowie Entwicklung zuließ.[2]

Dagegen fand abgesehen von den fehlenden feudalen Strukturen im Osmanischen Reich eine Aufklärung im Sinne der europäischen Aufklärung in der muslimischen Welt und damit in der Türkei nicht statt. Vielmehr ist mit der Gründung der Republik Türkei eine versuchte staatliche Aufklärung mithilfe der Einführung eines säkularen politischen Systems zu beobachten. Umso dringender sind somit die Fragen zu beantworten, wie die türkische Bourgeoisie entstanden ist, welche Faktoren hierfür festzuhalten sind und welche Entwicklung sie durchlief. Ein Rückblick in die osmanische Geschichte ist mithin unumgänglich, da die türkische Geschichte auf dieser aufbaut. Aus der Beantwortung dieser Fragen kann auch geklärt werden, ob es im vorderasiatischen Raum ein Alternativmodell hinsichtlich der Entwicklung der Bourgeoisie gibt.

II. Ausgangsbedingung: Das osmanische Finanzsystem und seine Folgen

Die heutige Republik Türkei ist aus den Trümmern des Osmanischen Reiches nach dem Ersten Weltkrieg entstanden. Für das Verständnis der politischen und wirtschaftlichen Maßnahmen der Republikgründer in den

---

1   Vgl. Chandler, Alfred D., Scale and Scope. The Dynamics of Industrial Capitalism, Cambridge 1990, S. 3.
2   Vgl. Berghoff, Hartmut, Moderne Unternehmensgeschichte. Eine themen- und theorieorientierte Einführung, Paderborn 2004, S. 186.

Anfangsjahren der Republik Türkei ist es wichtig, die sozialen und wirtschaftlichen Umstände zu erfassen, die aus der Phase des Osmanischen Reiches übernommen wurden, um die Ausgangsbedingungen der Republik Türkei festzuhalten. Erst diese tiefgründige Analyse erlaubt es, die staatlichen Beschlüsse bzw. gesetzlichen Erlasse in den jüngeren Jahren der Republik Türkei zu verstehen, die sich besonders auf die christliche Minderheit auswirkten.

Für das Verständnis der sozialen Struktur im Osmanischen Reich ist es unabdingbar, sich mit der osmanischen Wirtschaft näher zu beschäftigen. Die osmanische Wirtschaft, deren Grundlage die Landwirtschaft bildete und in der die überwiegende Mehrheit der osmanischen Bevölkerung arbeitete, war auf das zentrale System des osmanischen Staates ausgerichtet, also auf den Sultan bzw. Kalifen.[3] Das Eigentumsrecht an Grund und Boden oblag weitgehend dem osmanischen Herrscher, der es dazu verwendete, sein Staatssystem aufrechtzuerhalten.[4] Nach Josef Matuz befand sich lediglich 5–10 Prozent von der Gesamtbodenfläche des Osmanischen Reiches in Privatbesitz.[5] Deren Eigentümer waren in der Regel religiöse Stiftungen. Aus diesem Grunde ist es problematisch festzulegen, dass im Osmanischen Reich Eigentumsverhältnisse herrschten, die den westlichen Eigentumsverhältnissen ähnlich waren. Eher war das einschlägige Gegenteil der Fall: Die osmanische Bevölkerung hatte keine Eigentumsrechte. Um das Herrschaftssystem aufrechterhalten zu können, ergänzten und unterstützten sich die politischen und finanzwirtschaftlichen Bereiche gegenseitig, weshalb sich die erhobenen Tribute auch in traditionell begründete (örfi hukuk) und religiös begründete (âmme hukuk) Tribute unterteilen lassen.[6]

Das Tribut-System, auch Timar-System genannt, sah die Aufteilung des staatlichen Grundbesitzes in größere und kleinere Pfründen vor, die den Staatsbediensteten, sei es im Militärwesen oder in der Bürokratie, zur Nutz-

3 Vgl. Matuz, Josef, Das Osmanische Reich. Grundlinien seiner Geschichte, Darmstadt 1985, S. 104.
4 Vgl. Pamuk, Sevket, Osmanli Ekonomisi ve Kurumlari (Secme Eserler I), Istanbul 2008, S. 20 f.
5 Vgl. Matuz, Das Osmanische Reich. Grundlinien seiner Geschichte, S. 104.
6 Für ausführliche Erklärungen siehe Barkan, Ömer L., XV und XVI inci Asirlarda Osmanli Imparatorlugunda Ziraî Ekonominin Hukukî ve Malî Esaslari (Band I), Istanbul 2001.

nießung übertragen wurde, wodurch die Pfründer ihre eigenen Ausgaben finanzierten.[7] Rechtlich stand den Nutznießern mithin allein der Ertrag an den Bodenflächen zu; das Eigentumsrecht hatte der osmanische Herrscher inne. Deshalb durfte der Nutznießer seine Pfründe weder verkaufen noch verschenken. Eine Vererbung war ebenso ausgeschlossen. Mit dem Tod des Vaters fiel das Land an den osmanischen Herrscher zurück. Keineswegs bedeutete dies aber, dass die männlichen Erben des Pfründers mittellos wurden. In der Regel wurden die Söhne des Pfründers angemessen entschädigt. Dabei ging die Bandbreite über eine Position im Staatswesen bis hin zur Übernahme der Pfründe des verstorbenen Vaters.[8] Angesichts dieses Charakteristikum des Timar-Systems ist es nachvollziehbar, dass die Nutznießer im Vergleich zu den europäischen Feudalherren kein gewinnmaximierendes Interesse an ihrem Boden hatten und sich somit auch keine osmanische Aristokratie bildete.

Ein weiteres Unterscheidungsmerkmal zum europäischen System war die Tatsache, dass die Bauern keine Leibeigenen des Pfründers waren. Allerdings mussten die Bauern für die Bodennutzung Abgaben an den Sultan bzw. Kalifen leisten und produzierten somit letztendlich zur Finanzierung der Ausgaben des osmanischen Herrscherhofes und des osmanischen Staatssystems. Die Höhe der Abgabe hing von der Religionszugehörigkeit ab. Nichtmuslime zahlten im Vergleich zu den Muslimen höhere Abgaben. Hierzu schreibt Halil Inalcik folgendes:

> *„If pre-conquest non-Muslim cultivators were allowed to continue cultivating such lands, they had to pay on their harvest **harac** rated from one-fifth to two-thirds, depending on the circumstances. In contrast, those conquered lands which were distributed among the Muslim conquerors, or the lands acquired in peace, rendered only one-tenth (ösr)."*[9]

Nichtmuslime durften ihre Religion nur unter der Bedingung der zusätzlichen Erhebung der sogenannten Kopfsteuer (cizye) behalten, die eine wei-

---

7   Vgl. Inalcik, Halil, Osmanli Imparatorlugu. Toplum ve Ekonomi Üzerinde Arsiv Calismalari, Incelemeler, Istanbul 1993, S. 27.
8   Vgl. Matuz, Das Osmanische Reich. Grundlinien seiner Geschichte, S. 104.
9   Vgl. Inalcik, Halil, An Economic and Social History of the Ottoman Empire (Vol. I: 1300–1600), Cambridge 2005, S. 113.

tere Einnahmequelle für den osmanischen Staat bedeutete.[10] Daraus erklärt sich auch, weswegen die osmanischen Herrscher die Gesellschaftsformen der eroberten Gebiete unverändert ließen, sofern „dies der Staatsräson nicht widersprach"[11], wodurch sie die Entstehung von Parallelgesellschaften in ihrem Herrschaftsgebiet aus finanzwirtschaftlichen Interessen förderten.

Die religiös bedingte Ungleichbehandlung der nichtmuslimischen Minderheiten beschränkte sich allerdings nicht nur auf das osmanische Steuersystem, sondern erweiterte sich auf die beruflichen Chancen. Im Vergleich zu den muslimischen Untertanen hatten die nichtmuslimischen Untertanen keine Chance, in der osmanischen Staatsverwaltung oder im osmanischen Militärwesen Karriere zu machen.[12] „Christians were locked down upon as second-class citizen both by the Muslims and by the government"[13], so Roderic Davison.

Das osmanische Bildungssystem als Konsequenz

Notwendigerweise führten diese Tatsachen dazu, dass nichtmuslimische Minderheiten alternative Finanzierungsquellen zur Bestreitung ihres Lebensunterhaltes suchten. So legten sie viel Wert auf schulische Ausbildung, auf die dort vermittelte Alphabetisierung und auf die säkularen Lehrinhalte, wodurch sie sich von der muslimischen Gesellschaft abheben konnten. Folglich wurde Bildung für nichtmuslimische Minderheiten wichtig, weshalb die westlichen Missionsschulen sie für ihre Arbeiten gewinnen konnten. Da in ihrem Unterrichtsprogramm ebenso christliche Glaubenslehre enthalten war, wurden diese Schulen jedoch eher von armenischen und griechischen Kindern und weniger von jüdischen Kindern besucht.[14] Dabei dominierte die französische Missionsarbeit, der sich die amerikanische und schließlich auch die britische Missionsarbeit anschlossen.[15] Die Blütezeit der Missions-

---

10 Vgl. ebd., S. 108.
11 Vgl. Majoros, Ferenc/Rill, Bernd, Das Osmanische Reich 1300–1922. Die Geschichte einer Großmacht, Augsburg 2000, S. 47.
12 Vgl. Davison, Roderic H., Essays in Ottoman and Turkish History, 1774–1923. The Impact of the West, Texas 2011, S. 113.
13 Ebd.
14 Vgl. ebd., S. 168.
15 Vgl. ebd., S. 166 f.

schulen ist in das 19. Jahrhundert bzw. an den Anfang des 20. Jahrhunderts einzuordnen.[16]

Die Möglichkeit, fremde Sprachen zu lernen und sich dadurch anderssprachiger Literatur zu bedienen, ermöglichte den christlichen Minderheiten eine intellektuelle Horizonterweiterung, wodurch sich die Kluft zwischen der Minderheits- und Mehrheitsgesellschaft erweiterte. Denn religionsbedingt sowie aufgrund der sich daraus ergebenden potentiellen Gefahr der gesellschaftlichen Verachtung schickten sunnitisch-muslimische Familien ihre Kinder selten auf diese Missionsschulen, und wenn überhaupt, dann waren es eher die Kinder der osmanischen Elitegesellschaft, die diese Ausnahmefälle bildeten.[17] Daraus resultierend wurde ein relativ bedeutender Anteil der sunnitisch-muslimischen Gesellschaft in Medresen ausgebildet, deren Fokus in der islamischen Glaubensvermittlung lag, wodurch die säkulare Ausbildung der sunnitisch-muslimischen Gesellschaft zu wünschen übrig ließ.[18] Hinzu kam, dass die Ausbildungsqualität der Medresen sich über die Zeit hinweg kontinuierlich verschlechtert hatte und als Folge dessen die Analphabetenrate innerhalb der sunnitisch-muslimischen Gesellschaft angestiegen war.

Diese sich immer stärker bemerkbar machende Entwicklung zwang die osmanische Regierung schließlich dazu, Maßnahmen vorzunehmen. Mitte des 19. Jahrhunderts wurde eine Kommission gegründet, die den Auftrag hatte, eine angemessene den Bedürfnissen entsprechende Schulreform – mit besonderem Fokus auf die sunnitisch-muslimischen Schüler – auszuarbeiten; u. a. wurden hierfür Kommissionsmitglieder nach England, Frankreich und Deutschland entsandt, um die dortigen Schulsysteme zu inspizieren. Das Ergebnis war schließlich die Institutionalisierung säkular ausgerichteter Grund- und Mittelschulen im osmanischen Ausbildungssystem ab den 1860er Jahren, in denen Französisch als Unterrichtssprache eingesetzt wurde. Durch diese Neuerungen öffneten sie den Schülern das Tor zur westlichen Kultur und zur westlichen Wissenschaft wie Mathematik, Geschichte, Politik etc. Das berühmteste Beispiel dieser Reformbewegung ist die Kaiserliche Galatasaray-Schule im Galata-Viertel im Stadtteil Beyoglu

---

16 Vgl. ebd., S. 166.
17 Vgl. ebd., S. 170.
18 Vgl. ebd., S. 166.

Istanbuls, welche die osmanische Regierung mithilfe von Experten aus dem französischen Ministerium 1868 gründete.[19] Als Folge dieser Maßnahme erhöhte sich das Ausbildungsniveau der sunnitisch-muslimischen Schüler, das sich speziell in den, teils medizinischen, Militärschulen bemerkbar machte, aus denen sich die politische Bewegung der Jungtürken herausbildete, die 1908 revolutionierte.

Gleichwohl ist es wichtig in diesem Zusammenhang festzuhalten, dass der Umbruch im osmanischen Bildungssystem nicht unbedingt flächendeckend auf positive Resonanz innerhalb der osmanischen Bevölkerung stieß. Ein Großteil der sunnitisch-muslimischen Bevölkerung hatte die seit Jahrhunderten dem osmanischen Bildungssystem zugrundeliegende Medresen-Ausbildung internalisiert. Deshalb wurde die religiöse Ausbildung als ausreichend angesehen und die darüber hinausgehende Bildung als überflüssig bzw. als Methode der Ungläubigen betrachtet, die etabliert wurde, um die muslimische Bevölkerung von ihrer Religion zu entfremden.[20] Während die Bevölkerung ihre Abneigung gegenüber der Bildungsreform mit religiösen Argumenten begründete, machten sich indes innerhalb der Schülerschaft der Galatasaray-Schule nationale Parolen breit: Die Reform habe die türkische Sprache verdrängt.[21] Die Studierenden der Militärischen Medizinschule gingen in ihren Statements weiter und forderten anstelle der französischen Fachwörter die Einführung türkischer Fachwörter.[22] Hin und wieder kam auch unmissverständlich die soziale Spaltung und die sich daraus ergebende soziale Spannung innerhalb der Gesellschaft zum Ausdruck: Armenische und griechische Schüler würden in ihrer Muttersprache besser lesen und schreiben können als türkische Schüler.[23]

Das soziale Gefälle zwischen der sunnitisch-muslimischen und nichtmuslimischen Gesellschaft fiel besonders in der beruflichen Ausübung bzw. in der Wirtschaftswelt auf. Christliche Minderheiten bekleideten meistens Positionen von Bankern, Geschäftsmännern, Ärzten etc., während der Großteil der osmanischen Bevölkerung – also die sunnitisch-muslimische

---

19 Vgl. ebd., S. 173.
20 Vgl. ebd., S. 173.
21 Vgl. ebd.
22 Vgl. ebd.
23 Vgl. ebd., S. 174.

Gesellschaft – aufgrund des unter ihnen weit verbreiteten Analphabetismus gesellschaftlich niedrige Tätigkeiten verrichteten bzw. Bauern waren.[24] Für diesen gesellschaftlichen Unterschied war die osmanische Hauptstadt Konstantinopel bezeichnend.

Die jungtürkische Ära

Der berufliche Erfolg der christlichen Minderheiten bildete zwar schon immer einen Gesprächsgegenstand der sunnitisch-muslimischen Mehrheitsgesellschaft, in der jungtürkischen Ära wurde er aber explizit thematisiert, da das Deutsche Reich für die Jungtürken als Vorbild diente.[25] Immer wieder betonten sie, dass die Quelle der politischen und wirtschaftlichen Stärke des Deutschen Reiches im deutschen Unternehmertum stecke, denn dieses habe sich über die positiven Erfahrungen des Zollverein auf politischer Ebene vehement für die nationale Einheit eingesetzt. Und hierin lag für sie angesichts ihrer politischen Ambitionen für die Erstarkung des „Kranken Mannes am Bosporus" die Diskrepanz: Zwar befand sich der osmanische Verwaltungsapparat und das Militär in den Händen der sunnitisch-muslimischen Mehrheitsgesellschaft, die Wirtschaft dagegen war jedoch in den Händen der christlichen Minderheit.[26]

Anders formuliert: Aus der Perspektive der Jungtürken fehlte das sunnitisch-muslimische-türkische Unternehmertum, das aus Eigeninteresse im Sinne des Staates handelte und das daran interessiert war, einen starken osmanischen Nationalstaat aufzubauen. Im Ersten Weltkrieg erhöhte sich diese Verstimmung der sunnitisch-muslimischen Mehrheitsgesellschaft gegenüber der christlichen Minderheitsgesellschaft, da insbesondere die christlichen Minderheiten angesichts ihrer Position in der osmanischen Wirtschaft Kriegsgewinne erzielten und für die soziale Spannung im Land mitverantwortlich gemacht wurden.[27] Denn während in Deutschland die nationale Einheit über die deutsche Ethnie bestimmt wurde, definierten die

---

24 Vgl. Ostrorog, Léon, The Turkish Problem. Things Seen and a few Deductions, Boston 2005, S. 11 u. 13.
25 Vgl. Toprak, Zafer, Türkiye´de „Milli Iktisat" (1908–1918), Ankara 1982, S. 26 f.
26 Vgl. ebd., S. 32 f.
27 Vgl. ebd., S. 34.

Jungtürken die nationale Einheit über den sunnitisch-muslimischen Glauben und die türkische Ethnie. Die Mitglieder der christlichen Minderheit wurden mithin trotz ihrer Wurzeln im Osmanischen Reich als illoyale Fremde angesehen und durch die jungtürkische Bewegung außerhalb des osmanischen Systems geworfen.

Unter diesem Gesichtspunkt ist auch die Deportation der Armenier zu analysieren: Es kann als ein erster Schritt gesehen werden, eine homogene Gesellschaft zu schaffen und durch unrechtmäßige Aneignung von Vermögen eine türkische Bourgeoisie zu etablieren, da der osmanische Staat zum einen über Plünderungen des verlassenen Vermögens seitens der Mehrheitsgesellschaft hinwegsah und zum anderen dieses selbst beschlagnahmte.[28] Hinzu kam das zurückgelassene Vermögen der in die Nachbarregionen, wie zum Beispiel nach Russland, aber auch nach Frankreich oder in die Vereinigten Staaten, geflohenen Armenier während und nach dem Ersten Weltkrieg.[29]

Der türkisch-griechische Bevölkerungsaustausch und seine Folgen

Keineswegs bedeutete die militärische und politische Niederlage der osmanischen Regierung eine Beendigung der türkisch-sunnitischen Homogenisierungspolitik. Nach dem Türkischen Befreiungskrieg setzten die zukünftigen Gründer der Republik Türkei diese politischen Absichten in den Friedensverhandlungen in Lausanne (1923) fort,[30] zumal sie den Krieg unter dem alle Ethnien umfassenden islamischen Überbau geführt hatten.[31] Daher war auf der Friedenskonferenz einer der wesentlichen Verhandlungspunkte die Minderheitenfrage in der Republik Türkei.[32] Die Entente-Mächte (u. a. Eng-

---

28 Vgl. Akcam, Taner, Armenien und der Völkermord. Die Istanbuler Prozesse und die türkische Nationalbewegung, Hamburg 2004, S. 7 u. 121.
29 Vgl. Zürcher, Erik J., Turkey. A Modern History, New York 2001, S. 171; Gürün, Kamuran, The Armenian File. The Myth of Innocence Exposed, Istanbul 2007, S. 369.
30 Vgl. Gürün, The Armenian File, S. 371.
31 Vgl. Güven, Dilek, Nationalismus und Minderheiten. Die Ausschreitungen gegen die Christen und Juden der Türkei vom September 1955, München 2012, S. 86.
32 Vgl. Keskin, Hakki, Die Türkei. Vom Osmanischen Reich zum Nationalstaat, Berlin 1981, S. 59.

land, Frankreich, Griechenland) sahen sich als Schutzmacht der christlichen Minderheiten und versuchten konsequenterweise deren Interessen durchzusetzen. Zwar erzielte man, dass im Lausanner Friedensvertrag die nichtmuslimischen Minderheiten der muslimischen Mehrheit rechtlich gleichgesetzt wurden und diese Rechte somit völkerrechtlich geschützt waren, zugleich war man aber auch darin bestrebt, möglichen Konflikten vorzubeugen, weswegen angesichts der Spannungen zwischen der Türkei und Griechenland am 30. Januar 1923 ein türkisch-griechischer Bevölkerungsaustausch vereinbart wurde.[33]

Infolgedessen wurden mit staatlicher Anordnung und mit internationaler Zustimmung die in Ostthrakien und Anatolien lebenden Menschen christlich-orthodoxen Glaubens nach Griechenland zwangsemigriert.[34] Im Gegenzug dafür mussten die Angehörigen muslimischen Glaubens Griechenland verlassen. Der Bevölkerungsaustausch zwischen beiden Ländern begann am 1. Mai 1923 und hielt aufgrund unvorhersehbarer Herausforderungen bis Oktober 1934 an.[35] Von diesen Maßnahmen blieben die in Istanbul lebenden Angehörigen christlich-orthodoxen Glaubens sowie die in Westthrakien lebenden Angehörigen muslimischen Glaubens unbehelligt.[36]

Zahlenmäßig bedeutete der türkisch-griechische Bevölkerungsaustausch folgendes: 900.000 christlich-orthodoxe Gläubige mussten die Republik Türkei verlassen und 400.000 Angehörige muslimischen Glaubens Grie-

---

33 Im Lausanner Friedensvertrag sind die rechtlichen Vereinbarungen bezüglich des Schutzes der Minderheiten im Einzelnen in den §§ 37–45 nachzulesen. Der türkisch-griechische Bevölkerungsaustausch ist in § 14 enthalten. (Vgl. Ulusal Tapu Lozan, hg. v. Ibrahim S. Öztürk, Ankara 2009); vgl. außerdem Bozdaglioglu, Yücel, Türk-Yunan Nüfüs Mübadelesi ve Sonuclari, S. 10 u. 14 f., online abrufbar: http://www.tsadergisi.org/Makaleler/1198880879_1_9-32.pdf, zuletzt abgerufen am 6.9.2016.

34 In diesem Zusammenhang ist festzuhalten, dass der Bevölkerungsaustausch unter dem Überbau der sunnitisch-muslimischen und christlichen Konfession stattfand. Dies führte dazu, dass in der Republik Türkei zwar ethnisch Türken, die aber konfessionell Christen waren, das Land verlassen mussten. Beispielsweise sind hier die Karamans zu nennen.

35 Vgl. Bozdaglioglu, Türk-Yunan Nüfüs Mübadelesi ve Sonuclari, S. 10 u. 24.

36 Vgl. Akbiyik, Yasar, Zaferin Tescili: Lozan (Lausanne) Antlasmasi, in: Türkiye Cumhuriyeti Tarihi (Band I), hg. v. Atatürk Arastirma Merkezi, S. 383.

chenland.[37] Die sich daraus ergebenden Konsequenzen für die Republik Türkei beschreibt Erik J. Zürcher in seinem Buch „*Turkey. A modern History*" folgendermaßen:

> „*Far more serious was the fact that the emigration of the Greeks and the Armenians also meant the exodus of the large majority of entrepreneurs and managers. With them went an irreplaceable stock of industrial and commercial know-how. And it was not just highly skilled personnel which was now lacking in Turkey. It went much farther. There were whole regions where not a single welder or electrician could now be found.*"[38]

Der Türkei fehlte es zeitweilig auch an Maurern und Schmieden.[39] Entgegen der Erwartung der Republik Türkei konnten die aus Griechenland stammenden sunnitischen Muslime diesen Braindrain nicht ausgleichen.[40] Es entstand ein Bildungs- und Wirtschaftsdefizit. Zwar gab es unter den Zuwanderern vereinzelt Ärzte, Lehrer, Schneider etc., bei den meisten von ihnen handelte es sich jedoch um Bauern und/oder Viehzüchter, denen die notwendige Bildung und die notwendigen handwerklichen Fähigkeiten fehlten.[41] Raif Kaplanoglu berichtet in seinem Buch „Bursa´da Mübadele"[42] auch von Menschen, die noch als Nomaden lebten.[43]

Hinzu kam, dass der Bevölkerungsaustausch staatlicherseits relativ planlos und unkoordiniert ablief. Ursprünglich hatte die türkische Regierung angedacht, dass die Umsiedler an den vorherigen Wohnorten der zwangsumgesiedelten türkischstämmigen christlich-orthodoxen Griechen angesiedelt werden sollten. Allerdings war die staatliche Bürokratie der

---

37 Vgl. Zürcher, Turkey. A Modern History, S. 171.
38 Ebd., S. 172.
39 Vgl. Emgili, Fahriye, Türk-Yunan Nüfüs Mübadelesi´nin Türkiye Cumhuriyeti Milli Iktisadinin Olusumundaki Etkisi, S. 115, online verfügbar: http://www.tsadergisi.org/Makaleler/485110853_5_105-122.pdf, zuletzt abgerufen am 7.9.2016.
40 Vgl. Bozdaglioglu, Türk-Yunan Nüfüs Mübadelesi ve Sonuclari, S. 27; Emgili, Türk-Yunan Nüfüs Mübadelesi´nin Türkiye Cumhuriyeti Milli Iktisadinin Olusumundaki Etkisi, S. 107.
41 Vgl. Emgili, Türk-Yunan Nüfüs Mübadelesi´nin Türkiye Cumhuriyeti Milli Iktisadinin Olusumundaki Etkisi, S. 108.
42 Übersetzt: Austausch in Bursa.
43 Vgl. Kaplanoglu, Raif, Bursa´da Mübadele. 1923–1930 Yunanistan Göcmenleri, Istanbul 1999, S. 18.

Herausforderung einer zeitnahen Umsetzung des Bevölkerungsaustausches nicht gewachsen[44] Infolgedessen wurden die Zwangsemigranten willkürlich angesiedelt.[45] Nicht selten wurden die für die Zwangsemigranten vorgesehenen Häuser von der örtlichen Bevölkerung schon vor deren Ankunft besetzt. Überdies gab es Fälle, wo die zwangsumgesiedelten griechischstämmigen sunnitischen Muslime zerstörte Häuser vorfanden, die von der örtlichen Bevölkerung zuvor in Brand gesteckt worden waren.[46]

Überdies wurden die Zwangsemigranten teilweise in Provinzen angesiedelt, die für diese erhebliche wirtschaftliche Herausforderungen darstellten, weil ihnen die für diese Räume notwendigen landwirtschaftlichen Erfahrungen völlig fehlten. Beispielsweise waren Oliven ein typisches landwirtschaftliches Produkt für die Provinz Bursa.[47] Die dort angesiedelten griechischstämmigen sunnitischen Muslime hatten im Bereich des Olivenanbaus allerdings keinerlei Erfahrungen, sondern waren in Weizenanbau bewandert. In der Folge wurden die Olivenkulturen zerstört und ein relativ erfolgloser Weizenanbau betrieben.[48] Im Ergebnis gerieten viele griechischstämmige sunnitische Muslime in eine finanzielle Notsituation und erklärten, dass es ihnen in Griechenland besser gegangen wäre.[49] Für die Republik Türkei machte sich dieser Sachverhalt auf der makroökonomischen Ebene bemerkbar, da die Exportprodukte entweder einen mengenmäßigen Einbruch verzeichneten oder sogar komplett wegfielen.

Auf dem Weg zur nationalen Einheit

Angesichts ihrer kritischen Haltung gegenüber der osmanischen Phase waren sich die türkischen Republikgründer über den Bildungsmangel innerhalb der sunnitisch-türkischen Gesellschaft und die sich daraus ergebende Passivität im Wirtschaftsleben bewusst. Aus diesem Grund trafen sie schon

---

44 Vgl. Bozdaglioglu, Türk-Yunan Nüfüs Mübadelesi ve Sonuclari, S. 26.
45 Vgl. ebd., S. 26 f.
46 Vgl. ebd., S. 27.
47 Vgl. Kaplanoglu, Bursa´da Mübadele. 1923–1930 Yunanistan Göcmenleri, S. 19.
48 Vgl. Bozdaglioglu, Türk-Yunan Nüfüs Mübadelesi ve Sonuclari, S. 27.
49 Vgl. Emgili, Türk-Yunan Nüfüs Mübadelesi´nin Türkiye Cumhuriyeti Milli Iktisadinin Olusumundaki Etkisi, S. 111 u. 114.

während des türkischen Unabhängigkeitskrieges sowie unmittelbar nach dessen Ende Vorkehrungen für entsprechende Bildungs- und Wirtschaftsoffensiven, um diesem Defizit entgegenzuwirken.[50] So wird in diesem Zusammenhang oft Mustafa Kemal Atatürks Satz zitiert: „Der ewig wahre Führer im Leben ist die Wissenschaft."[51]

Hierbei bildeten Bildung und Wirtschaft unter dem Überbau des türkischen Nationalismus eine Gesamteinheit, innerhalb derer Ziele gesteckt wurden, die sich gegenseitig ergänzten, forderten und schließlich multiplizierten. Eine besondere Wertschätzung erhielt eine Reform, die auf die Aufhebung der Bildungsunterschiede innerhalb der Gesellschaft, insbesondere derjenigen zwischen den sunnitisch-muslimischen und nicht-muslimischen Kindern, abzielte.[52] Infolgedessen eröffnete der türkische Staat landesweit Schulen sowohl in Städten als auch in Dörfern und ermöglichte damit allen gesellschaftlichen Schichten den Zugang zu Bildungseinrichtungen. Um eine möglichst effiziente Einsatzbereitschaft in der Volkswirtschaft zu erzielen, basierte das Curriculum sowohl auf die Vermittlung theoretischen Grundlagen als auch auf das Erlernen praktischer Fähigkeiten. Parallel dazu wurde darauf abgezielt, den Schülern und Schülerinnen die republikanischen Werte wie Säkularismus, Nationale Einheit und Nationalismus als höchste Güter der türkischen Nation zu vermitteln und diese als Grundlage für die Aufrechterhaltung und Förderung des Daseins des türkischen Volkes zu verstehen.[53]

Diese auf nationalen Prinzipien basierende Vermittlung von Grundwerten hatte auch für das türkische Universitätssystem eine signifikante Bedeutung. Angesichts der geringen Anzahl bestehender Universitäten sollte analog zur skizzierten Errichtung von Schulen der Aufbau von weiteren Universitätsstandorten vorangetrieben werden. Dabei nahmen die türkischen Republikgründer in der Wissensvermittlung das europäische Universitätsniveau als Maßstab. Folglich wurde im ersten Jahrzehnt nach der Gründung

---

50 Vgl. Turan, Refik, Egitim ve Ögretimdeki Gelismeler: Yeni Devlet ve Egitim, in: Türkiye Cumuriyeti tarihi (Band II), hg. v. Atatürk Arastirma Merkezi, S. 99–136, hier S. 106; Tezel, Yahya S., Cumhuriyet Döneminin Iktisadi Tarihi, 5. Aufl., Istanbul 2002, S. 149.

51 Vgl. Kreiser, Klaus, Atatürk. Eine Biographie, München 2008, S. 245.

52 Vgl. ebd., S. 269.

53 Vgl. Turan, Egitim ve Ögretimdeki Gelismeler: Yeni Devlet ve Egitim, S. 107.

der Republik der Genfer Pädagogikprofessor Albert Malche als Berater in die Türkei eingeladen, unter dessen Leitung schließlich ein Bildungs-reformkonzept ausgearbeitet wurde.[54] Für eine rasche Transformation des Universitätssektors sah das Konzept die Beschäftigung von europäischen Professoren vor. Einen Höhepunkt in der türkischen Universitätsgeschichte bildete die Aufnahme von geflüchteten Professoren aus dem nationalsozia-listischen Deutschland ab 1933.[55]

In den skizzierten Maßnahmen sahen die türkischen Regierungsträger den Schlüssel für die Generierung von Humankapital, dass die wirtschaft-liche Entwicklung des Landes vorantreiben sollte. Dies gilt umso mehr, als dass sich die Teilnehmer des Wirtschaftskongresses in Izmir (1923)[56] darüber einig waren, dass der Staat die notwendigen Rahmenbedingungen bereitstellen solle. Im Einzelnen bedeutete dies u. a. den Aufbau eines Finanzsystems, Investitionsförderungen oder auch Protektionismus.[57] Zudem forderten die Kongressteilnehmer, den wirtschaftlichen Einfluss der christlichen Minderheit zu verringern, da dieser als ein wesentliches Hindernis für Geschäftsabschlüsse mit ausländischen Unternehmern an-gesehen wurden.[58]

Die darauffolgenden Jahre wurden infolgedessen von mehreren wirt-schaftlichen Entwicklungen geprägt. So ist die Gründung des halbstaat-lichen Kreditinstitutes *Türkiye Is Bankasi* im Jahre 1924 zu nennen, die insbesondere den türkisch-muslimischen Wirtschaftsakteuren Finanzkapital zur Verfügung stellte und damit deren Abhängigkeit vom Finanzkapital der christlichen Minderheit reduzierte. Mit der Einführung des Zivilrechtes erhielt das türkische Volk im Unterschied zur osmanischen Phase erstmals das Recht auf Eigentum an Grund und Boden und damit auch die Möglich-

---

54 Vgl. Möckelmann, Reiner, Wartesaal Ankara. Ernst Reuter – Exil und Rückkehr nach Berlin, Berlin 2013, S. 36.
55 Vgl. Schwartz, Philipp, Notgemeinschaft. Zur Emigration deutscher Wissen-schaftler nach 1933 in die Türkei, Marburg 1995, S. 47.
56 Bei den Kongressteilnehmern handelte es sich um türkisch-sunnitische Wirt-schaftsakteure aus sämtlichen Wirtschaftsbereichen der Türkei, wie Landwirt-schaft, Handel etc. Insgesamt nahmen am Kongress 1135 Delegierte teil. (Vgl. Avcioglu, Dogan, Türkiye'nin Düzeni (Bd. I), Istanbul 1977, S. 340)
57 Vgl. Tezel, Cumhuriyet Döneminin Iktisadi Tarihi, S. 149 f.
58 Vgl. ebd., S. 150 f.

keit, Grund und Boden auch zu veräußern.[59] Zudem wurde die aus der osmanischen Phase stammende ösr-Abgabe aufgehoben, was die Bauern finanziell enorm entlastete. An deren Stelle trat eine monetär zu entrichtende Bodensteuer, die gesetzlich festgelegt wurde und nicht mehr, wie noch in der osmanischen Phase, willkürlich war. Konsequenterweise führten diese Neuerungen zu einer Transformation der landwirtschaftlichen Strukturen. Die Bauern lösten sich von der Subsistenzwirtschaft und produzierten zunehmend für den Binnenmarkt, um aus den sich daraus ergebenden Gewinnen die Bodensteuer zu entrichten und den Lebensunterhalt zu sichern.

Einen weiteren Umbruch in der türkischen Wirtschaft verursachte das im Jahr 1927 verabschiedete Industrieförderungsgesetz, welches auf den Aufbau einer privaten Industrie mit staatlicher Unterstützung abzielte und durch folgende wesentlich Inhalte gekennzeichnet war:[60]

1) Für jede Fabrikgründung stellte der Staat 10 Hektar Land kostenlos zur Verfügung.

2) Fabrikgründer wurden von der Ertragssteuer und von den örtlichen Abgaben für die zu errichtende Fabrik, für die zu beschaffenden Maschinen etc. befreit.

3) Industrieanlagen konnten zollfrei eingeführt werden.

4) Transportkosten bei Nutzung von Bahn- und Schiffverkehr wurden um 30 Prozent reduziert.

5) Fabrikgründer erhielten eine jährliche Prämie von bis zu 10 Prozent auf ihre jährliche Produktion.

6) Staatliche gewährleistete Abnahme der Produkte, auch wenn sie im Vergleich zu den ausländischen Konkurrenzprodukten bis zu 10 Prozent teurer waren.

7) Zusage eines Herstellermonopols auf 25 Jahre bei Aufbau eines im Land noch nicht vorhandenen Industriezweigs und bei Verpflichtung, die Region mit dem jeweiligen Produkt zu versorgen.

Trotz der günstigen wirtschaftlichen Rahmenbedingungen stellten die türkischen Republikgründer gegen Ende der 1920er Jahre allerdings fest, dass die gewünschte wirtschaftliche Entwicklung weitgehend ausblieb.

---

59 Vgl. Kücük, Yalcin, Planlama, Kalkinma ve Türkiye, Ankara 1978, S. 240.
60 Vgl. Keskin, Die Türkei. Vom Osmanischen Reich zum Nationalstaat, S. 77.

Die staatlicherseits angesprochenen sunnitisch-muslimischen Wirtschaftsakteure konnten die günstigen wirtschaftlichen Bedingungen aufgrund
ihres defizitären Know-how nicht nutzen. Im Ergebnis setzte der Ein-
parteienstaat seiner liberalen Wirtschaftshaltung mit der Einführung des
Etatismus in das CHP-Parteiprogramm im Jahr 1931 ein Ende. Demnach
sollten staatliche Schlüsselindustrien aufgebaut werden, so dass 1933 der
erste Fünfjahres-Industrialisierungsplan verabschiedet wurde.[61] Infolgedessen verzeichnete die türkische Regierung zwar einen wirtschaftlichen
Aufschwung, gleichwohl blieb die Dominanz der christlichen Minderheit
im türkischen Wirtschaftsleben erhalten. Dies machte sich insbesondere
während des Ausnahmezustandes im Zweiten Weltkrieg bemerkbar, da
die christliche Minderheit erneut – wie schon im Ersten Weltkrieg – zu den
wirtschaftlichen Nutznießern gehörte.

Die Vermögenssteuer und ihre Auswirkung

Zwar befand sich die Türkei faktisch nicht im Krieg, sie hatte jedoch auf
der politischen und militärischen Ebene für einen potentiellen Angriff
Vorkehrungen getroffen, was dazu führte, dass die wirtschaftliche Ebene
in Mitleidenschaft gezogen wurde. Denn einen wesentlichen Beitrag zum
wirtschaftlichen Aufschwung in den 1930er Jahren hatten die intensiven
Wirtschaftsbeziehungen zum nationalsozialistischen Deutschland ge-
leistet, welches einen Großteil der türkischen Exportprodukte importiert
hatte. Aufgrund politischer Differenzen brachen diese Beziehungen allerdings kurz vor Ausbruch des Zweiten Weltkrieges ab, was für die Republik
Türkei mit enormen wirtschaftlichen Einbußen verbunden war. Hinzu
kam das geostrategische Interesse der kriegsführenden Mächte an der
Türkei, weshalb diese zu Beginn des Krieges etwa 1.000.000 Soldaten
mobilisierte.[62]

Diese Faktoren machten sich in der Summe in einem unausgeglichenen
Staatshaushalt bemerkbar. In der Folge finanzierte der türkische Staat
seine Ausgaben durch Bedienung der Notenpresse, so dass die Preise

---

61 Vgl. Krueger, Anne O., Foreign Trade Regimes and Economic Development:
   Turkey, New York 1974, S. 5 f.
62 Vgl. Aktar, Ayhan, Varlik Vergisi ve Türklestirme Politikalari, Istanbul 2014,
   S. 141.

inflationär bis zu 350 Prozent anstiegen.[63] Nach dem Tod des türkischen Ministerpräsidenten Refik Saydam (1942) wurde die wirtschaftliche Instabilität akzeleriert, denn die nachfolgende Regierung unter Sükrü Saracoglu hob die Preiskontrolle für Lebensmittel auf, wodurch die Lebensmittelpreise aufgrund von Hortung zusätzlich um etwa 90 Prozent anstiegen.[64]

Mit der Begründung der Inflation entgegenzuwirken sowie die unlauteren geschäftlichen Praktiken der Händler durch Besteuerung zu unterbinden, führte die Saracoglu-Regierung am 11. November 1942 ohne nennenswerten politischen Widerstand die Vermögenssteuer ein.[65] Zwar galt die Vermögenssteuer für die gesamte Republik Türkei, angesichts des hier verfolgten epistemologischen Ansatzes ist es aber ausreichend, sich auf die Wirtschaftsmetropole Istanbul zu konzentrieren, um die Auswirkungen der Einführung der Vermögenssteuer stellvertretend für die gesamte Republik darzustellen. Dies gilt insbesondere vor dem Hintergrund, dass von den 114.368 von der Vermögenssteuer betroffenen Wirtschaftsakteuren allein 62.573 – also mehr als 54 Prozent – in Istanbul lebten.[66] So ist für die Verhältnisse in Istanbul bekannt, dass die überwältigende Mehrheit der Steuerschuldner (87 Prozent) Nichtmuslime waren. Dieses Faktum lässt sich auf die gesamte Türkei übertragen. Angesichts durchgeführter Untersuchungen der Saracoglu-Regierung war man sich innerhalb der Regierung dieser Tatsache bewusst und wertete diese Situation als eine Chance, das bereits seit der Gründung der Republik verfolgte politische Ziel der Etablierung einer mächtigen muslimisch-türkischen Bourgeoisie umsetzten zu können.[67]

Die identifizierten Steuerschuldner mussten innerhalb von 15 Tagen ihre Vermögenssteuer abführen, was dazu führte, dass die nichtmuslimischen Wirtschaftsakteure zwecks Begleichung ihrer Steuerschuld notgedrungen ihr Vermögen zumeist unter dem tatsächlichen Wert veräußern mussten.

---

63 Vgl. ebd., S. 219.
64 Vgl. ebd., S. 140; Tezel, Cumhuriyet Döneminin Iktisadi Tarihi, S. 260 u. 262; Parasiz, Ilker, Türkiye Ekonomisi: 1923´den Hünümüze Iktisat ve Istikrar Politikalari Uygulamalari, Istanbul 1998, S. 61.
65 Vgl. Aktar, Varlik Vergisi ve Türklestirme Politikalar, S. 135.
66 Vgl. ebd., S. 140.
67 Vgl. ebd., S. 148.

Bei den Käufern handelte es sich in der Regel um muslimische Türken. Bei einer zeitlichen Zahlungsverzögerung um eine Woche erhöhte sich die abzutretende Steuerschuld um 1 Prozent, bei einer zeitlichen Verzögerung um zwei Wochen um 2 Prozent.[68] Wenn auch nach Ablauf dieser Fristen die Steuerschuld nicht beglichen wurde, wurde das Vermögen der Steuerschuldner vom Staat gepfändet und konsequenterweise verstaatlicht oder verkauft – hierbei traten als Käufer ebenfalls zumeist muslimische Türken auf.[69] Unverkennbar ist mithin die Tatsache, dass zwar die kriegsbedingten wirtschaftlichen Vorteile besteuert wurden, gleichzeitig aber auch eine Umverteilung des Vermögens der nichtmuslimischen Wirtschaftsakteure – der Gesamtwert belief sich auf ca. 315 Millionen Türkische Lira[70] – zugunsten der muslimischen Wirtschaftsakteure erfolgte. Im Ergebnis wurde die Dominanz der nichtmuslimischen Wirtschaftsakteure aufgehoben, wodurch ein struktureller Wandel in der türkischen Wirtschaft eingeleitet wurde. Gegen Ende des Zweiten Weltkriegs besaß die Republik Türkei eine erheblich gestärkte türkisch-nationale Bourgeoisie. Schließlich wurde die Vermögenssteuer am 15. März 1944 aufgrund internationaler Proteste wieder aufgehoben.[71]

---

68 Vgl. ebd., S. 149.
69 Der Verkauf der Vermögensgenstände unter ihrem Wert führte dazu, dass die Steuerschuldner in der Regel ihre Steuerschuld nicht abbezahlen konnten, weswegen sie in das Arbeitslager in Askale – Landkreis in der Provinz Erzurum – geschickt wurden, um ihre Schulden abzuarbeiten. Der Recherche von Ayhan Aktar zufolge wurden im Januar 1943 32 nichtmuslimische Wirtschaftsakteure aus Istanbul nach Askale gebracht. Die Polizei holte zwischen Februar und September 1943 weitere 1869 Istanbuler Wirtschaftsakteure von ihren Häusern ab, tatsächlich kamen aber 1229 Steuerschuldner im Arbeitslager in Askale an, da 636 von ihnen vor ihrem Arbeitsantritt ihre Schulden begleichen konnten. 21 Steuerschuldner kamen in diesem Arbeitslager ums Leben. Bei allen handelt es sich um Nichtmuslime. Die internationale Aufmerksamkeit führte schließlich zur Lockerung des Gesetzes. Steuerschuldner konnten mithilfe von täglichen Raten ihre Schulden zahlen, sofern dies nicht möglich war, wurden ihre Schulden erlassen. (Vgl. Aktar, Varlik Vergisi ve Türklestirme Politikalar, S. 135–214 ff.)
70 Parasiz, Türkiye Ekonomisi: 1923′den Hünümüze Iktisat ve Istikrar Politikalari Uygulamalari, S. 65.
71 Für mehr Details siehe Aktar, Varlik Vergisi ve Türklestirme Politikalar, S. 151–153.

Fazit

Mit Rekurs auf die Ausgangsfragestellungen nach der Entstehung und Entwicklung der türkischen Bourgeoisie lässt sich abschließend festhalten, dass monokausale Antworten dem untersuchten Phänomen nicht gerecht werden und im Gegensatz dazu eine mehrdimensionale Analyse notwendig ist. So wird beispielsweise deutlich, dass die Struktur des osmanischen Wirtschaftssystems als das Ergebnis der politischen und militärischen Interessen des Sultans bzw. Kalifen einzustufen ist. Für die Aufrechterhaltung und Finanzierung des osmanischen Herrschaftssystems war die Wirtschaftsebene von zentraler Bedeutung und wurde entsprechend instrumentalisiert, weswegen im Osmanischen Reich etwa christliche Minderheiten zwangsfrei leben konnten. Mit dem Festhalten am christlichen Glauben und der gleichzeitigen Ablehnung des Übertritts zum Islam wurden Angehörige der christlichen Minderheit vom osmanischen Herrschaftssystem ausgeschlossen und konnten innerhalb dessen auch keine Karriere machen.

Daher widmeten sich diese insbesondere dem Bildungsbereich oder suchten anderweitige berufliche Spezialisierungen. Im Ergebnis wurden viele Angehörige der christlichen Minderheit im Bank- und Handelswesen tätig und erarbeiteten sich dementsprechend eine dominante Stellung in der osmanischen Wirtschaft. Im Gegensatz dazu war ein Großteil der muslimischen Mehrheit des Lesens und Schreibens nicht mächtig und lediglich in religiösen Fragen bewandert. Die sich daraus ergebende soziale Diskrepanz machte sich insbesondere in der Phase der Herausbildung des türkischen Nationalstaates negativ bemerkbar. Der zur Genese eines starken Nationalstaates erforderliche Anspruch eines nationalen Bürgertums an der Aufrechterhaltung und Erstarkung staatlicher Institutionen wurde von der christlichen Minderheit nicht verfolgt, da der osmanische Staat diese als Fremde im eigenen Land ansah. Die aus dieser sozialen Diskrepanz seit Mitte des 19. Jahrhunderts resultierende Bildungsreformbewegung kam den staatlichen Bestrebungen nach Etablierung einer nationalen Bourgeoisie nicht entgegen. Allerdings resultierte aus den Bildungsreformen die politische jungtürkische Bewegung, die insbesondere in der Homogenisierung des Wirtschaftssystems unter einem türkisch-muslimischen Überbau eine Lösung sah. So ist die Deportation der Armenier während des Ersten Weltkrieges auch unter diesem Gesichtspunkt zu bewerten, da ihr Vermögen entweder staatlicherseits oder durch die örtliche sunnitisch-muslimische Bevölkerung angeeignet wurde.

Nach dem Ersten Weltkrieg und dem türkischen Unabhängigkeitskrieg war die Republik Türkei im Vergleich zum Osmanischen Reich zwar territorial erheblich verkleinert, gleichwohl aber nach wie vor an der Herausbildung einer homogenen nationalen Gesellschaft interessiert. Durch selbstdefinierte Kriterien, wie der religiösen Zugehörigkeit, zwangen die Republik Türkei und die Alliierten Menschen in Griechenland und der Türkei zu einer Zwangsemigration, was besonders in der Türkei auf der Wirtschaftsebene zu einem Braindrain führte, welcher nicht ausgeglichen werden konnte. Infolgedessen ermöglichte die türkische Regierung in den 1920er Jahren wirtschaftliche Erleichterungen und Vergünstigen, um unter Einbezug der sunnitisch-muslimischen Mehrheit eine wirtschaftliche Modernisierung zu erreichen, was jedoch nicht die erhoffte wirtschaftliche Entwicklung brachte.

Schließlich sah die türkische Regierung zu Beginn der 1930er Jahre im Etatismus eine Lösung, durch welchen in den darauf folgenden Jahren auch ein wirtschaftlicher Aufschwung erreicht wurde, der allerdings mit Ausbruch des Zweiten Weltkrieg unterbrochen wurde. Die nach wie vor anhaltende wirtschaftliche Dominanz der christlichen Minderheit führte dazu, dass dessen Angehörige zu den Kriegsgewinnern gehörten und angesichts der sozialen Spannungen innerhalb der Türkei immer wieder ins Visier von feindlichen Äußerungen gerieten. Schließlich führte die Saracoglu-Regierung im Jahre 1942 unter dem Vorwand der Besteuerung von Kriegsgewinnen die Vermögenssteuer ein. Im Ergebnis führte die Einführung der Vermögenssteuer allerdings nicht nur zur Besteuerung der Kriegsgewinne, sondern auch zu einem Strukturwandel der türkischen Wirtschaft, da von den notgedrungenen Vermögensverkäufen von Angehörigen der christlichen Minderheit im besonderen Maße die türkisch-sunnitische Mehrheit profitierte und damit letztendlich die wirtschaftliche Dominanz der christlichen Minderheit zurückdrängte. Daher ist abschließend festzuhalten, dass der soziale Strukturwandel und damit die Etablierung einer neuen Gesellschaftsschicht nicht aus einer eigenen inneren Dynamik heraus erfolgte, sondern vielmehr staatlicherseits erzwungen wurde.

Literaturverzeichnis

Akbiyik, Yasar u. Zaferin Tescili: Lozan (Lausanne) Antlasmasi, in: Türkiye Cumhuriyeti Tarihi (Band I), hg. v. Atatürk Arastirma Merkezi, S. 371–392.

Akcam, Taner (2004): Armenien und der Völkermord. Die Istanbuler Prozesse und die türkische Nationalbewegung. Hamburg.

Aktar, Ayhan (2014): Varlik Vergisi ve Türklestirme Politikalari. Istanbul.

Avcioglu, Dogan (1977): Türkiye´nin Düzeni (Bd. I). Istanbul.

Barkan, Ömer L. (2001): XV und XVI inci Asirlarda Osmanli Imparatorlugunda Ziraî Ekonominin Hukukî ve Malî Esaslari (Band I). Istanbul.

Berghoff, Hartmut (2004): Moderne Unternehmensgeschichte. Eine themen- und theorieorientierte Einführung. Paderborn.

Bozdaglioglu, Yücel: Türk-Yunan Nüfüs Mübadelesi ve Sonuclari, online abrufbar: http://www.tsadergisi.org/Makaleler/1198880879_1_9-32.pdf, zuletzt abgerufen am 6.9.2016.

Chandler, Alfred D. (1990): Scale and Scope. The Dynamics of Industrial Capitalism. Cambridge.

Davison, Roderic H. (2011): Essays in Ottoman and Turkish History, 1774–1923. The Impact of the West. Texas.

Emgili, Fahriy: Türk-Yunan Nüfüs Mübadelesi´nin Türkiye Cumhuriyeti Milli Iktisadinin Olusumundaki Etkisi, online verfügbar: http://www.tsadergisi.org/Makaleler/485110853_5_105-122.pdf, zuletzt abgerufen am 7.9.2016.

Gürün, Kamuran (2007): The Armenian File. The Myth of Innocence Exposed. Istanbul.

Güven, Dilek (2012): Nationalismus und Minderheiten. Die Ausschreitungen gegen die Christen und Juden der Türkei vom September 1955. München.

Inalcik, Halil (1993): Osmanli Imparatorlugu. Toplum ve Ekonomi Üzerinde Arsiv Calismalari, Incelemeler. Istanbul.

Inalcik, Halil (2005): An Economic and Social History of the Ottoman Empire (Vol. I: 1300–1600). Cambridge.

Kaplanoglu, Raif (1999): Bursa´da Mübadele. 1923–1930 Yunanistan Göcmenleri. Istanbul.

Keskin, Hakki (1981): Die Türkei. Vom Osmanischen Reich zum National-staat. Berlin.

Kreiser, Klaus (2008): Atatürk. Eine Biographie. München.

Krueger, Anne O. (1974): Foreign Trade Regimes and Economic Development: Turkey. New York.

Kücük, Yalcin (1978): Planlama, Kalkinma ve Türkiye. Ankara.

Matuz, Josef (1985): Das Osmanische Reich. Grundlinien seiner Geschichte. Darmstadt.

Majoros, Feren u. Rill, Bernd (2000): Das Osmanische Reich 1300–1922. Die Geschichte einer Großmacht. Augsburg.

Möckelmann, Reiner (2013): Wartesaal Ankara. Ernst Reuter – Exil und Rückkehr nach Berlin. Berlin.

Ostrorog, Léon (2005): The Turkish Problem. Things Seen and a few Deductions. Boston.

Pamuk, Sevket (2008): Osmanli Ekonomisi ve Kurumlari (Secme Eserler I). Istanbul.

Parasiz, Ilker (1998): Türkiye Ekonomisi: 1923'den Hünümüze Iktisat ve Istikrar Politikalari Uygulamalari. Istanbul.

Schwartz, Philipp (1995): Notgemeinschaft. Zur Emigration deutscher Wissenschaftler nach 1933 in die Türkei. Marburg.

Tezel, Yahya S. (2002): Cumhuriyet Döneminin Iktisadi Tarihi, 5. Aufl. Istanbul.

Toprak, Zafer (1982): Türkiye'de „Milli Iktisat" (1908–1918). Ankara.

Turan, Refik: Egitim ve Ögretimdeki Gelismeler: Yeni Devlet ve Egitim, in: Türkiye Cumuriyeti tarihi (Band II), hg. v. Atatürk Arastirma Merkezi, S. 99–136.

Ulusal Tapu Lozan (2009), hg. v. Ibrahim S. Öztürk. Ankara.

Zürcher, Erik J. (2001): Turkey. A Modern History. New York.

Yasar Aydin

Amtszeit der Demokratischen Partei: Bruch mit der kemalistischen Moderne oder deren Konsolidierung?

Abstract: The DP, which governed Turkey from 1950 until being overthrown in a military coup d'état in 1960, is still the object of controversial interpretations. In contrast to more extreme readings, this article offers a balanced interpretation beyond romanticization and demonization, and stresses the continuity between the CHP- and DP-governments.

1. Die Kontroverse um die Demokratische Partei

Am 14. Mai 1950 gewann in der Türkei die konservativ-liberale *Demokratische Partei* (*Demokrat Parti, DP*) die Parlamentswahl mit 53,3 Prozent der Stimmen und beendete mit der Regierungsbildung am 22. Mai 1950 die 27-jährige Alleinregierung der *Republikanischen Volkspartei* (*Cumhuriyet Halk Partisi*, CHP). Gegründet wurde die DP erst 1946 von Celal Bayar, Adnan Menderes, Refik Koraltan und Fuat Köprülü, die aus der CHP ausgeschlossen wurden, nachdem sie an die Parteiführung eine *Vierer-Note* adressiert hatten. Darin sprachen sie sich für eine Liberalisierung von Politik und Wirtschaft – Übergang zum Mehrparteiensystem, freie Wahlen, Autonomie für Universitäten und Direktwahl – aus. Zum politischen Hintergrund dieser *Vierer-Note* gehört auch ein Gesetz zur Landverteilung an Bauern ohne Land, das 1945 auf Initiative der CHP-Führung verabschiedet wurde. Das Gesetz stieß unter Großgrundbesitzern, zu denen auch Adnan Menderes gehörte, auf Kritik.[1]

---

1   Akandere, Osman, „Bir Demokrasi Beyannamesi Olarak »Dörtlü Takrir«in Amacı ve Mahiyeti", *Selçuk Üniversitesi Sosyal Bilimler Dergisi*, Jahr 2003, Nr. 9: 5–28; Tuna, Işıl, „Verilişinin 70. Yılında Demokratikleşme Belgesi Olarak Türk Siyasal Hayatında Dörtlü Takrir", *Çağdaş Türkiye Tarihi Araştırmaları Dergisi* (Journal of Modern Turkish History Studies), Nr. XV/30, Frühling 2015: 203–219 und Zürcher, Erik J., *Turkey – A Modern History*, London & New York 2004.

Erklären lässt sich der rasante Zulauf, die der DP vier Jahre nach ihrer Gründung die absolute Mehrheit bescherte, mit vielen Faktoren: Die große Unzufriedenheit gegenüber der elitären Haltung und der etatistischen Wirtschaftspolitik der autoritär regierenden CHP sowie deren Unfähigkeit, die Interessen breiter Bevölkerungsschichten zu berücksichtigen. Die Modernisierung von Staat und Gesellschaft sowie der Laizismus waren ein Elitenprojekt, das mit der Bevölkerung nicht abgestimmt wurde. Es fehlte zudem an Mechanismen und Informationskanälen – es fanden keine freien Wahlen statt und die CHP war nur in den Städten organisiert – über die die gesellschaftlichen Schichten ihre Interessen hätten artikulieren können. Der solidaristisch-korporatistische Populismus der CHP stritt sogar die Existenz von gesellschaftlichen Klassen und gegensätzlichen Interessen ab.[2] Zudem war es während des *Zweiten Weltkrieges* zu einem rasanten Anstieg der Inflation gekommen, welcher in der Bevölkerung eine große Missstimmung erzeugt hatte.

Darüber hinaus war die Erinnerung an die Top-down-Modernisierung, die einen spürbaren Eingriff in die Lebensführung der Massen zur Folge hatte, noch lebendig. In einer gesamtgesellschaftlichen Atmosphäre gekennzeichnet durch Missstimmung, Vertrauensverlust in die Staatsführung und Zukunftsungewissheit konnte sich die neu entstandene DP gegenüber der CHP als eine „Anti-Establishment-Bewegung" in Stellung bringen. Anders als die militant-laizistische Staatspartei CHP setzte die konservativ-liberale DP auf politischen Wandel durch Wirtschaftsliberalisierung und wurde in großen Teilen der Bevölkerung mit wirtschaftlichem Aufbruch in Verbindung gebracht. Eine Mischung aus tiefer Abneigung gegen die CHP wie etwa ihrem Säkularismus sowie ihre konservative und zugleich wirtschaftsliberale Haltung diente der DP-Parteiführung als politischer Kitt, um die heterogene Anhängerschaft zusammenzuhalten.[3]

---

2   Mehr zum korporatistischen Charakter der politischen Ordnung der jungen Republik Türkei vgl. Parla, Taha, Ziya Gökalp, *Kemalizm ve Türkiye'de Korporatizm*, İstanbul 2006.

3   Siehe Kalaycıoğlu, Ersin, *Turkish Dynamics: Bridge Across Troubled Lands*, New York 2005 und Rustow, Dankwart A., „Political Parties in Turkey: An Overview", in: Metin Heper/Jacob M. Landau (Hg.), *Political Parties and Democracy in Turkey*, London & New York 1991: 10–23. Zu Oppositionsstrate-

Nach einer 10-jährigen Regierungszeit (1950–1960), die zu den umstrittensten Dekaden in der Geschichte der modernen Türkei gehört, wurde die DP-Regierung durch einen Militärputsch gestürzt. Auf die Ursachen und die Spannungen, die zum Putsch führten, wird später eingegangen. Die Partei DP wurde verboten, 592 hochrangige Funktionäre und parteinahe Beamte wurden vor ein Ausnahmegericht gestellt, 15 der Angeklagten zum Tode verurteilt und drei der Todesurteile vollstreckt: Adnan Menderes (Ministerpräsident), Fatin Rüştü Zorlu (Außenminister), Hasan Polatkan (Finanzminister). Das Todesurteil gegen Celal Bayar wurde aus Altersgründen nicht vollstreckt.[4] Dass die DP-Regierung auch mehr als ein halbes Jahrhundert nach ihrer Amtszeit kontroverse Diskussionen auslöst, ist größtenteils ihrem tragischen Ende geschuldet. Zwei gegensätzliche Thesen dominieren politische, teilweise auch wissenschaftliche Diskurse.

1) *Demokratie-These*: Demnach war der Wahlsieg vom 14. Mai 1950 eine friedliche „demokratische Revolution" und Adnan Menderes ein „großer Demokrat", der im Einvernehmen mit dem Volkswillen die Türkei in die Demokratie geführt und deswegen den Zorn antidemokratischer Kräfte auf sich gezogen hat.[5]

2) *Backlash-These*: Einer verbreiteten Ansicht nach war die DP-Regierung der Beginn des andauernden Prozesses der „Zersetzung" der säkularen Republik. Vertreter dieser These beschreiben die DP als eine Plattform „rückwärtsgewandter" Bestrebungen, „Brutstätte" erzkonservativer und islamistischer Wertvorstellungen. Die DP-Regierung habe dem politischen Islam den Weg geebnet und das Land dem „kapitalistisch-imperialistischen Block" untergeordnet.[6]

---

gie der DP vgl. a. Kırkpınar, Leyla, „Demokrat Parti ve Muhalefet Stratejisi",
Çağdaş Türkiye Tarihi Araştırmaları Dergisi, 2000, Heft 3, Nr. 9/10: 85–98.

4 Hür, Ayşe, „27 Mayıs'ın ardından: Yassıada, intiharlar, idamlar", *Radikal*, 24.05.2015, (http://www.radikal.com.tr/yazarlar/ayse-hur/27-mayisin-ardindan-yassiada-intiharlar-idamlar-1364307/).

5 Vgl. dazu exemplarisch Güzel, Hasan Celal, „14 Mayıs Düşünceleri", *Radikal*, 15.5.2009. Erdoğan, Recep Tayyip, „Demokrasi Şehidimiz Adnan Menderes'i Anarken", *Adnan Menderes Demokrasi Platformu*, 2012, Jahr 1, Nr. 1: 14–15.

6 Für einen Überblick der Einschätzung der Linken über die DP-Regierung vgl. Yıldırmaz, Sinan, „Demokrat Parti ve Dönemi: Sol Tarih Yazımında 'Kayıp' Zamanın İzinde", *Praksis*, 2008, Nr. 18: 23–42.

In Abgrenzung zu solchen dichotomischen, stark vereinfachenden Interpretationen, wird hier die *Gegenthese* entwickelt und vertreten, dass die DP-Regierung keinen Bruch mit der kemalistisch-republikanischen Moderne darstellt. Obwohl der charismatische[7] Menderes zeitweilig an die religiösen Gefühle der Massen appellierte, blieb er dem kemalistisch-laizistischen Diskurs treu. Wenngleich die DP für Demokratie, für ein Mehrparteiensystem und für Marktwirtschaft eintrat, so war es letztendlich Staatspräsident İsmet İnönü, der mit seiner Entscheidung für ein Mehrparteiensystem und die damit verbundene Bereitschaft, politische Macht abzugeben, die Demokratie eingeleitet hat.[8] Dieser Beitrag erhebt keinen Anspruch auf die Erarbeitung neuer Erkenntnisse noch auf die Präsentation und Interpretation neuer Dokumente. Vielmehr will er durch einen stärkeren Fokus auf die Kontinuitäten – ohne jedoch die Diskontinuitäten zu leugnen – ein theoretisch stimmiges Bild von der DP-Regierung entwerfen, das dichotomisch einseitige Interpretationen und von politischen Interessen geleitete Urteile korrigiert.

Die Analyse beginnt mit einer rückblickenden Skizze struktureller Veränderungen nach dem Zweiten Weltkrieg und zentraler politischer Entscheidungen der Jahre 1946/1947, um den bahnbrechenden Wahlsieg der DP verständlich zu machen sowie um politische und wirtschaftliche Kontinuitäten aufzuzeigen (*Punkt 2*). Sodann werden sozioökonomische Veränderungen und Verschiebungen in der Machtkonstellation sozialer Klassen

---

7 Die Bezeichnung von Menderes als „charismatisch" ist gerechtfertigt, weil seine Beziehung zum Volk viele Elemente enthielt, die sich mit dem Weber'schen Begriff der „charismatischen Herrschaft" größtenteils decken. Er hat sich in einer vom Volk als Krise wahrgenommen Situation als Hoffnungsträger und später als starker Mann profiliert, mit letzten Worten („Yeter söz milletin", dt. „Schluss, das Volk hat das Sagen!") die Wähler mobilisiert und Hoffnung auf etwas Neues (Büyük Türkiye, dt. Große Türkei) geweckt, um einige Beispiele zu nennen. Er ließ zudem eine Kontrolle seines Handelns nur ungern zu und beachtete ungern demokratische Verfahren. Zum Begriff der „charismatischen Herrschaft" s. Weber (1980: 140 ff.).

8 Eine ähnliche Interpretation findet sich bei Dankwart A. Rustow, der in der Geschichte der Republik Türkei drei Revolutionen identifiziert: Die kulturelle Revolution, demokratische Revolution und ökonomische Revolution, als deren Urheber er der Reihe nach Mustafa Kemal Atatürk, İsmet İnönü und Turgut Özal bestimmt.

in den Blick genommen, um die historische Rolle und Bedeutung der DP zu beleuchten (*Punkt 3*). Dabei geht es u. a. auch um die Frage, welche sozialen Schichten die DP primär repräsentierte – Großgrundbesitzer, ländliche Kleinproduzenten oder die erstarkende Bourgeoisie?

2. Historischer Hintergrund des Wahlerfolgs der Demokratischen Partei

Das Hauptziel der türkischen Außenpolitik nach der Gründung der Republik war es, neuerliche militärische, politische und wirtschaftliche Abhängigkeiten zu den Großmächten zu vermeiden und gute Beziehungen zu den Nachbarstaaten, auch gegenüber der Sowjetunion, zu etablieren. Dies änderte sich mit dem Vertrag von Montreux (1936), der die Durchfahrt von Handels- und Kriegsschiffen durch die Meerengen Bosporus und Dardanellen neu regelte und der Türkei die volle Souveränität über eben diese Meerengen gewährleistete. Die türkische Regierung konnte eine Revision des Vertrags von Lausanne über die Meerengen durchsetzen, weil europäische Großmächte angesichts der zunehmenden internationalen Spannungen der 1930er Jahre die Türkei durch Konzessionen als mögliche Bündnispartner gewinnen wollten. In der Folge des Vertrages von Montreux setzte sich die vorsichtige Annäherung der Türkei an den westlichen Block fort und erreichte in der frühen Nachkriegszeit mit US-amerikanischen Militär- und Wirtschaftshilfen im Rahmen der *Truman-Doktrin* (12.3.1947) und des Marshall-Planes (3.4.1948) eine neue Dimension. Damit wurden bereits unter der CHP-Regierung und der Präsidentschaft von İsmet İnönü die Weichen nicht nur für die Eingliederung in das westliche Bündnissystem, sondern auch für die Struktur des zukünftigen Wirtschaftsmodells gestellt. Es wäre nicht möglich gewesen, einerseits am westlichen Bündnissystem teilzunehmen und andererseits ein Wirtschaftsmodell zu etablieren, das nicht auf private Initiativen und Marktmechanismen basiert, sondern von der staatlichen Bürokratie gelenkt wird (Staatskapitalismus).

Nach der Weltwirtschaftskrise des Jahres 1929 betrieb die türkische Regierung eine etatistische Wirtschaftspolitik, die auf die Entwicklung einer nationalen Bourgeoisie und eine moderate Industrialisierung ausgerichtet war, um den Binnenmarkt mit den in staatlichen Betrieben produzierten „drei Weißen" (Leinen, Zucker und Mehl) zu versorgen. Die Folge war ein Anstieg der staatlichen Einnahmen um 40 Prozent, womit deren Anteil am Bruttoinlandsprodukt von 10,8 Prozent im Jahr 1929 auf 18 Prozent im Jahr 1934 anstieg und ein Großteil der Produktion in die Kontrolle der Bürokratie überging. Eine weitere Besonderheit der 1920er und speziell der 1930er Jahre war eine Verschmelzung zwischen der staatlichen Bürokratie und der Bourgeoisie. In den Vorständen der Unternehmen mit Beteiligung von *İşbank* (*Türkiye İş Bankası*), zuständig für die Finanzierung von Privatinitiativen und Investitionen, befanden sich viele hohe Bürokraten und Abgeordnete.[9] Die Gründer von 74,2 Prozent der Unternehmen und Handelsgesellschaften zwischen 1931 und 1940 waren ebenfalls Bürokraten. Aufgrund staatlicher Protektion vor einer starken Konkurrenz durch ausländisches Kapital, Einschnitte der Rechte der arbeitenden Bevölkerungsschichten sowie einer Benachteiligung der Landwirtschaft brachte es die türkische Handels- und Industriebourgeoisie relativ zügig zu großem Reichtum.[10]

Atatürk war ebenfalls von der „Notwendigkeit" überzeugt, dass der Staat mit seinen Möglichkeiten private Unternehmer finanziell unterstützen solle. Gegenüber dem Sowjet-Botschafter erklärte er, dass es sein Ziel sei, anatolische Händler zum Wohlstand zu verhelfen, d. h. eine nationale Bourgeoisie zu etablieren.[11] Diese Strategie wurde auch auf dem Wirtschaftskongress in Izmir im März 1923 (*İzmir İktisat Kongresi*), bereits vor dem Abschluss des Vertrags von Lausanne, beschlossen.[12]

Zwischen 1932 und 1939 hatte sich die industrielle Produktion verdoppelt, von der etwa ein Viertel im Staatssektor erwirtschaftet wurde. Während die Einkommen urbaner Schichten und Bürokraten aufgrund der Kriegsinflation zurückgingen, profitierte die aufsteigende städtische Bourgeoisie,

---

9 Mehr zur Funktion und Rolle des 1924 gegründeten Kreditinstituts *İşbank* vgl. Özer, M. Halis, „Cumhuriyetin İlk Yıllarında Milli Tüccar Oluşturma Çabalarında İş Bankası'nın Rolü", *Ankara Üniversitesi SBF Dergisi*, 2014, Nr. 69(2): 351–377.

10 Keyder, Çağlar, *Türkiye'de Devlet ve Sınıflar* [State and Class in Turkey: A Study in Capitalist Development], İstanbul 1989, S. 134–137.

11 Tezel, Yahya S., Cumhuriyet Döneminin İktisadi Tarihi, İstanbul 2002, S. 135.

12 Vgl. hierzu Varlı, Arzu/Koraltürk, Murat, „İkinci Meşrutiyet'ten Erken Cumhuriyet'e Milli İktisadın Sürekliliği ve İzmir İktisat Kongresi", *ÇTTAD – Çağdaş Türkiye Tarihi Araştırmaları Dergisi*, IX/20–21, Frühling-Herbst 2010: 127–142.

sodass diese nach dem Krieg immer selbstbewusster hervortrat. Seit dem Jahr 1945 bildeten sich zwei Oppositionsplattformen, die einerseits Dirigismus und Staatsinterventionismus ablehnten und stattdessen wirtschaftliche Freiheiten und Marktwirtschaft einforderten (*Wirtschaftsliberale Plattform*) und andererseits Staatsautoritarismus und Laizismus durch lokale Traditionen und Religionsfreiheit zu ersetzen suchten (*Religionsplattform*)[13]

Angesichts außenpolitischer Erfordernisse und innenpolitischer Spannungen entschied sich die CHP-Regierung unter der Führung des Staatspräsidenten İnönü außenpolitisch für die Integration in den Weltmarkt und die Eingliederung in das westliche Militärbündnis. Als ein Beispiel für die Entscheidung für eine Liberalisierung der Wirtschaft sei auf den *Fünfjahresplan für Industrialisierung (Beş Yıllık Sanayi Planı)* verwiesen, der im Jahr 1946 verabschiedet wurde. Darin wird statt einer auf Landwirtschaft ausgerichteten Spezialisierung eine umfassende Industrialisierung gefordert und dabei dem Staat – als Wachstumsmotor – eine zentrale Rolle zugewiesen. Bereits ein Jahr später wurde jedoch ein neuer Entwicklungsplan vorgelegt, diesmal mit der Überschrift *Entwicklungsplan Türkei (Türkiye Kalkınma Planı)*, ohne den Zusatz Industrie.

Damit rückte die CHP-Regierung von dem Ziel einer umfassenden Industrialisierung des Landes ab. Bereits zuvor (am 7. September 1946) nahm die türkische Regierung eine Abwertung der türkischen Währung gegenüber dem US-Dollar vor (von 1,28 Lira auf 2,8 Lira), woraufhin die Türkei aus dem Ausland Kreditzusagen erhielt (*IMF*). Am 15. Februar 1946 beschloss die Regierung die Zulassung für den Import von Automobilen, am 11. März 1947 wurde die Türkei Mitglied beim *IWF – Internationalen Währungsfonds* und bei der *Weltbank*. Im Jahr 1948 fand der *Wirtschaftskongress Türkei (Türkiye İktisat Kongresi)* statt, im Zuge dessen die Begrenzung der Rolle des Staates sowie Privatisierungsmaßnahmen beschlossen wurden.[14] Diese Beispiele zeigen, dass die Entscheidung für eine Weltmarktintegration und Liberalisierung der Wirtschaft bereits in der Zeit vor der DP-Regierung gefallen war. Damit wird die Kontinuitätsthese, die in diesem Beitrag vertreten wird, verhärtet.

---

13 Keyder, *Türkiye'de Devlet ve Sınıflar*, S. 147.
14 Boratav, Korkut, „İktisat Tarihi, 1908–1980", in: Mete Tunçay u. a. (Hg.), *Türkiye Tarihi 4: Çağdaş Türkiye 1908–1980*, İstanbul 1997: 265–354, S. 313 ff.

Auch in der Politik wurden Maßnahmen zu einer Liberalisierung ergriffen. Nach Zulassung von Parteien wurde bereits am 7. September 1945 die *Nationale Entwicklungspartei*, am 7. Januar 1946 die *DP* gegründet. Am 11. Mai 1946 wurde die Bezeichnung „Nationaler Chef", die für den Staats- und Parteichef İnönü vorgesehen war, aus der Satzung der CHP entfernt, am 12. Juni 1946 wurden auch die Gründung von Parteien, die Klasseninteressen vertraten bzw. Anspruch auf die politische Repräsentation von bestimmten sozialen Klassen erhoben, erlaubt. Außerdem wurde ein Entwurf zur Gewährung des Autonomiestatus von Universitäten angenommen. Diesen demokratischen Schritten folgte eine Erklärung von Staatspräsident İnönü, in der dieser die Gleichbehandlung aller Oppositionsparteien versprach. Des Weiteren wurde auf dem CHP-Kongress am 13. November 1947 der Beschluss gefasst, zukünftig einen moderateren Etatismus und Laizismus vertreten zu wollen. Gleichwohl war die Phase der politischen Liberalisierung von Ambivalenzen geprägt; während etwa gegenüber religiöse Frage eine tolerantere Haltung eingenommen wurde, setzte sich die autoritär-repressive Haltung gegenüber linken Gruppierungen und Medien ungebrochen fort. Am 27. Januar 1947 wurde Religionsunterricht auch außerhalb von Schulen zugelassen.[15]

Mit der Annäherung an die USA und bedingt durch die diplomatischen Spannungen mit der UdSSR wurde das Vorgehen gegen oppositionelle linke Medien und Gruppierungen immer schärfer. Bereits am 4.Dezember 1945 war es zu Ausschreitungen rechtskonservativer Jugendlicher und Studenten gekommen, im Zuge dessen – unter Duldung staatlicher Behörden – die Räumlichkeiten der links-liberale Tageszeitung *Tan* und viele „linke" Buchhandlungen zerstört wurden. Die politische Verfolgung von Linken setzte sich auch an den Universitäten fort.

Am 15. Dezember 1945 wurden die Hochschuldozenten Pertev Naili Boratav, Behice Boran, Niyazi Berkes und Muzaffer Şerif Başoğlu in ein Ministerium versetzt und damit von der Lehre ausgeschlossen. Im Jahr 1948 wurden die genannten Personen schließlich von der Universität entfernt. Die Annäherung an die USA und die Integration in das westliche Bündnis-

---

15 Oran, Baskın, „1945–1960: Batı Bloku Ekseninde Türkiye – 1: Dönemin Bilançosu", in: Ders. (Hg.), *Türk Dış Politikası: Kurtuluş Savaşından Bugüne Olgular, Belgeler, Yorumlar*, İstanbul 2012: 479–521, S. 492 ff.

system wurde während der Amtszeit von Staatspräsident İnönü eingeleitet. Der Besuch des US-amerikanischen Kriegsschiffes Missouri im Jahr 1946 wurde zum Symbol für die türkisch-amerikanische Freundschaft, anlässlich dessen Staatspräsident İnönü erklärte, dass je näher die amerikanischen Schiffe seien, desto besser es für die Türkei sei.[16]

3. Die DP-Regierung

3.1 Bedeutung des Machtwechsels

Nach der Zusammenkunft des Parlaments wurde Celal Bayar in das Amt des Staatspräsidenten gewählt und trat in unmittelbarer Folge als Vorsitzender der DP zurück. Damit endete eine Praxis, wonach der Staatspräsident zugleich auch Vorsitzender der Regierungspartei war. Atatürk (1923–1938) und İnönü (1938–1950) waren Staatspräsidenten und gleichzeitig Vorsitzende der CHP. Im Ergebnis übernahm der junge charismatische Adnan Menderes den Vorsitz der DP und wurde mit der Regierungsbildung beauftragt. Refik Koraltan wurde zum Parlamentspräsidenten gewählt.[17]

Dem Machtwechsel folgte ein moderater Elitenwechsel. Mit der DP kam ein anderes Segment türkischer Eliten an die Macht. Der Großteil des DP-Kaders kam aus der Provinzgesellschaft, wobei die DP-Führer sich häufiger als diejenigen der CHP einer religiös-konservativen Rhetorik bedienten. In den Reihen der DP agierten im Vergleich zu CHP deutlich mehr Vertreter der freien Berufe. Nach der Regierungsbildung wurden der Generalstabschef sowie die oberen Ränge der Militärführung ausgewechselt, weil die DP-Führung einen Militärputsch befürchtete.[18] Die Öffnung gegenüber vorab benachteiligten ethnisch-religiösen Bevölkerungsteilen, Landbewohnern und neuen Kadern sowie eine neue politische Rhetorik begünstigte die

---

16 Über die Bedeutung des Besuchs des amerikanischen Kriegsschiffes Missouri und die dadurch ausgelösten Debatten vgl. Akalın, Cüneyt, „Missouri'nin Ziyaretinin Tarihsel Anlamı", *Yakın Dönem Türkiye Araştırmaları*, 2003, Nr. 3: 1–13.

17 Tunçay, Mete, „Siyasal Tarih (1950–1960)", in: Ders. u. a. (Hg.), *Türkiye Tarihi 4: Çağdaş Türkiye 1908–1980*, İstanbul 1997: 177–187, 178 f.

18 Mehr dazu vgl. Kanca, Osman Cenk, „1950–1960 Arası Türkiye'de Uygulanan Sosyo-Ekonomik Politikalar", *Mustafa Kemal Üniversitesi Sosyal Bilimler Enstitüsü Dergisi*, 2012, Heft 9, Nr. 19: 47–63.

allgemeine Wahrnehmung der DP als eine politische Kraft des Wandels, während die CHP mit Status quo identifiziert wurde.[19] Obwohl die Politik der Zugeständnisse gegenüber der Bevölkerung seit 1946 mit der CHP-Regierung begann, wurde diese häufig der DP-Regierung zugeschrieben. Von großer symbolischer Bedeutung war die Aufhebung des Verbotes, den Gebetsruf in arabischer Sprache auszusprechen (16.6.1950). Diesem folgte am 14.7.1950 eine Generalamnestie.

Als wirtschaftspolitische Maßnahmen wurde von Ministerpräsident Menderes die Liberalisierung des Außenhandels (Juli 1950) eingeleitet, welche durch die Verabschiedung eines *Gesetzes zur Förderung von ausländischen Kapitalinvestitionen* (1951) sowie eines Gesetzes *zu Fremdkapitalinvestitionen und Erdöl* (1954) gekennzeichnet waren. Die Ausrichtung der Wirtschaftspolitik der DP zielte auf die Förderung des privaten Sektors und privater Initiativen durch staatliche Förderungen sowie auf die Privatisierung staatlicher Betriebe. Die eigentliche Zäsur in der Wirtschaftspolitik erfolgte jedoch nicht unter der DP-Regierung, sondern bereits unter der CHP-Regierung. Die Entscheidung, von der protektionistischen, auf Bilanzausgleich abzielenden und damit stark nach innen gerichteten Wirtschaftspolitik Abschied zu nehmen, wurde bereits im Jahr 1946 von der CHP-Regierung getroffen. Die DP-Regierung setzte diese wirtschaftspolitische Ausrichtung lediglich fort.[20]

3.2 Staat, Regierung und Bourgeoisie

Nach der Gründung der Republik bestand der Herrschaftsblock aus Bürokraten, Offizieren, Händlern und Großgrundbesitzern. Als Folge der Ausschaltung der nicht-muslimischen Bourgeoisie während des Ersten Weltkrieges und der Vertreibung von Armeniern sowie des Bevölkerungsaustausches mit Griechenland und Bulgarien, verfügten die Bürokraten über quasi uneingeschränkte Macht im Staate. Da es fortan keine organisierte Bourgeoisie und damit auch keine intakte Zivilgesellschaft mehr gab, mangelte es an einer gesellschaftlichen Schicht bzw. politischen Akteuren, welche die Machtausübung der von der Bürokratie dominierten Regierung

---

19 Günay, Cengiz, *Geschichte der Türkei: Von den Anfängen der Moderne bis heute*, Wien 2012.
20 Boratav, „İktisat Tarihi, 1908–1980", S. 315.

hätten kontrollieren können. Bereits unter der Herrschaft der Jungtürken (1913–1918) kamen muslimische Händler und Unternehmer in den Genuss von Privilegien. „[A] Muslim religious identity became a core component forming the new Turkish bourgeoisie in the early phase of capital accumulation and business development."[21]

Die Liquidierung der nicht-muslimischen Bourgeoisie wurde durch zwei Entwicklungen kompensiert. Das ausländische Kapital gewann an Bedeutung und die muslimischen Händler traten an ihre Stelle. Nach der Gründung der Republik differenzierte sich die türkische Bourgeoisie in zwei Fraktionen: Erstens die Fraktion Handelskapital mit Schwerpunkt in Istanbul und zweitens die Fraktion Industriekapital mit Schwerpunkt in Ankara. Im Zuge der rasanten Entwicklung der nationalen Bourgeoisie in der protektionistischen Phase der türkischen Wirtschaft ab 1929 und während des Zweiten Weltkrieges kam es zu ersten wirtschaftspolitischen Differenzen zwischen der Bourgeoisie und der Bürokratie. In der Nachkriegszeit entschied sich die türkische Bourgeoisie nicht für den von den Bürokraten geführten historischen Block, sondern für den populistischen Block, der den Übergang von einem bürokratisch dominierten Kapitalismus zu einem von Marktmechanismen dominierten Kapitalismus einleitete.[22]

Mit der Machtübernahme der DP kam es zu einer Neukonfiguration des Verhältnisses zwischen Staat, Regierung und Bourgeoisie. Sowohl Wirtschaftshistoriker als auch Politikwissenschaftler sind sich überwiegend darüber einig, dass nach 1950 die politische Macht sukzessive von der Bourgeoisie kontrolliert wurde. Die Bürokratie verlor ihre Funktion als eine gesellschaftliche Klasse und damit auch die Macht und Fähigkeit, die Transformation des Landes zu lenken. Stattdessen konnte sie nur noch im Dienste der Bourgeoisie die Macht im Staate teilen und einen Teil der Staatseliten bereitstellen. Nach 1950 entspricht das Verhältnis zwischen Staat und Bourgeoisie dem Muster kapitalistisch strukturierter Gesellschaften.[23]

---

21 Buğra, Ayşe/Savaşkan, Osman, *The new Capital in Turkey*, Cheltenham 2014, S. 30.
22 Keyder, *Türkiye'de Devlet ve Sınıflar*, S. 155 f.
23 Ebd., S. 159.

Tabelle 1: Staat und Klassen vor 1950

Bürokratie (Militär)		
Städtische Bourgeoisie	Händler, Intellektuelle	Großgrundbesitzer
Landbevölkerung, Arbeiter		

Tabelle 2: Staat und Klassen nach 1950

Bourgeoisie / Großgrundbesitzer		
Bürokratie, Militärs	Intellektuelle, Freiberufler	Kleinhändler, Landbevölkerung
Arbeiter		

In der Nachkriegszeit hatte ein neues Landrecht (1945), in Zuge dessen Grund und Boden an landlose Bauern verteilt wurde, zum Zerwürfnis zwischen der CHP-Regierung und Großgrundbesitzern geführt, wodurch die Großgrundbesitzer zum natürlichen Verbündeten der Bourgeoisie wurden, was den politischen Machtwechsel erleichterte. Schematisch gesehen repräsentieren die vier Gründer der DP die vier aufstrebenden sozialen Klassen der Nachkriegszeit: Celal Bayar, der spätere Staatspräsident, stand für die Interessen der Großbourgeoisie im Umfeld der İŞ-Bank; Adnan Menderes (Ministerpräsident) für die Interessen der Großgrundbesitzer; Refik Koraltan (Präsident des türkischen Parlamentes) für die Interessen der Kleinbourgeoisie und der freien Berufe und Fuat Köprülü als Geschichtsprofessor für die Interessen die Intellektuellen.[24]

Gleichwohl wurden die Beziehungen zwischen der Bourgeoisie und den Großgrundbesitzern ab etwa 1955 durch Spannungen geprägt. Die Handelsbourgeoisie kritisierte die Großgrundbesitzer, weil diese soziale Schicht kaum Steuern zahlte und nicht für mehr Produktivität in der Landwirtschaft sorgte, was für mehr Deviseneinfuhr gesorgt hätte. Hinzu kam, dass die Großgrundbesitzer über einen großen Teil der staatlichen Kredite verfügten. Die Handelsbourgeoisie dagegen wurde von den Großgrund-

---

24 Yerasimos, Stefanos, *Azgelişmişlik Sürecinde Türkiye 3: 1. Dünya Savaşından 1971'e*, Istanbul 2005, S. 169.

besitzern dafür kritisiert, dass sie den Großteil der staatlichen Kredite für sich beanspruchten.[25]

Dieser Interessenkonflikt stellte den historischen Hintergrund für den Militärputsch des Jahres 1960 dar, wenngleich für eine aktive Beteiligung der städtischen Bourgeoisie an dem Umsturz keine Anhaltspunkte existieren. Die wesentlichen Träger des Putsches waren kleinbürgerliche Elemente, radikale Offiziere und Intellektuelle.[26]

3.3 Wirtschaftsdynamik und Wohlstandsgewinn

Nach der Liberalisierung der Wirtschaft, die bereits 1946 erfolgte, wurde das Land seit dem Jahr 1950 von einem dynamischen wirtschaftlichen Aufschwung erfasst, im Zuge dessen das Straßennetz massiv ausgebaut wurde sowie zahlreiche Staudämme in Betrieb genommen wurden.[27] In der Zeit zwischen 1950 und 1954 kam es zu einem starken Wirtschaftswachstum, einer signifikanten Mechanisierung der Landwirtschaft und einem rasanten Anstieg der Exporte und der Importe. Das Wirtschaftswachstum lag zwischen 1946 und 1953 jährlich bei etwa 11 Prozent; in der Industrie bei 9,2 Prozent und in der Landwirtschaft bei 13,2 Prozent. Dabei kamen der Landwirtschaft nicht nur die günstigen Witterungsbedingungen, sondern auch die aufgrund des Koreakrieges angestiegene Nachfrage für landwirtschaftliche Güter zu Gute. Der Anteil der Landwirtschaft am Bruttoinlandsprodukt stieg von 43,6 Prozent in den Jahren 1946/47 auf 44,7 Prozent in den Jahren 1952/53, während im gleichen Zeitraum der Anteil des Industriesektors vom 15,2 auf 11,4 Prozent zurückging.[28]

Es kam zudem zu einer deutlichen Verbesserung der Lebensbedingungen für die ländliche Bevölkerung, während der Anteil von Beamteneinkommen am Bruttoinlandsprodukt von 8,3 Prozent im Jahr 1945 auf 6,6 Prozent im Jahr 1953 zurückging. Obwohl sich während der Amtszeit der DP-Regierung die Lebensbedingungen der ländlichen Bevölkerung deutlich verbesserten, lässt sich die DP nur schwerlich als primäre Repräsentantin der ländlichen Kleinproduzenten charakterisieren, da sich die DP-Regierung

---

25 Ebd., S. 228.
26 Ebd., S. 230.
27 Tunçay, „Siyasal Tarih (1950–1960)“, S. 178 f.
28 Boratav, „İktisat Tarihi, (1908–1980)“, S. 319.

im Konfliktfall immer zugunsten der Interessen der Großgrundbesitzer entschied, welche von der DP nicht nur repräsentiert wurden, sondern auch
in der DP-Fraktion relativ stark vertreten waren. Zusammenfassend lässt
sich sagen, dass es auch zu einem Anstieg des Wohlstandes von Arbeitern
und Beamten gekommen ist. Bezüglich der Klassencharakteristika der DP-
Regierung ist abschließend festzuhalten, dass der eigentliche Gewinner im
Herrschaftsblock die auf den Handel mit Industriegütern spezialisierte In-
dustrie- und Handelsbourgeoisie war.[29]

3.4 Demokratie und Autoritarismus

Viele Faktoren sprechen für die Auffassung, dass der Wahlsieg der DP und
die Bildung der DP-Regierung ein großer Schritt zur Demokratisierung der
Türkei war. Die DP hat viele Demokraten in ihre Reihen aufgenommen und
wurde in der Anfangsphase auch von vielen Linksliberalen sowie einigen
Sozialisten unterstützt. Für die Parlamentswahl im Jahr 1950 ließ die Partei
ihre Kandidaten von den Kreis- und Provinzverbänden bestimmen, was ein
Novum in der Geschichte der Türkei und zugleich eine basisdemokratische
Vorgehensweise darstellt. Zudem ließ sich die DP-Regierung darauf ein, das
kemalistische Modernisierungsprojekt (*Elitenprojekt*) mit den Interessen
der Landbevölkerung abzustimmen.[30] Die DP-Regierung berücksichtigte
tatsächlich die Interessen der Provinzgesellschaften und der Landbevölkerung und versuchte deren Vertreter sowie islamische Gruppierungen,
die zuvor benachteiligt und zum Teil entrechtet wurden, in die Politik mit
einzubinden.

Gleichwohl hat es die DP-Regierung nicht geschafft, die türkische Demokratie zu konsolidieren und wurde stattdessen im Zeitverlauf zunehmend
autoritärer. Wenngleich im Zusammenhang der autoritären Wende nach
1954 wirtschaftliche Schwierigkeiten und außenpolitische Spannungen beispielsweise mit Griechenland über Zypern und später mit dem Irak eine
wichtige Rolle spielten, hatte die DP bereits von Anfang an ein „mehr-

---

29 Ebd.
30 Die These, dass die Politik der DP einen Versuch darstellt, das kemalistische
Modernisierungsprojekt mit den „Anforderungen der ländlichen Gesellschaft"
abzustimmen, wird auch vertreten von Günay, *Geschichte der Türkei: Von den
Anfängen der Moderne bis heute*, S. 192.

heitliches Demokratieverständnis". Um einen bewussten Bruch mit dem autoritären Staatsverständnis hat sich die DP zu keiner Zeit bemüht.[31]

Die außenpolitischen Spannungen mit Griechenland wirkten auch destabilisierend auf die Beziehungen zwischen Muslimen und Angehörigen der christlichen Minderheiten. So kam es aufgrund eines Anschlags auf das Haus Atatürks in Thessaloniki zu anti-griechischen Protesten in Istanbul, die nach Auffassung des türkischen Geheimdienstes organisiert gewesen sein sollen. Die Proteste gerieten außer Kontrolle und arteten in Ausschreitungen gegen die nichtmuslimische Bevölkerung in Istanbul aus. Die Pogrome von 6. und 7. September 1955 hatten zur Folge, dass christliche Minderheiten das Land verließen und ihr Anteil am Geschäftsleben zurückging. Eine rechtsstaatliche Aufarbeitung der Ereignisse fand unter der DP-Regierung nicht statt.[32]

Verantwortlich dafür, dass die DP sich nicht um eine Überwindung der offenkundigen Demokratiedefizite bemüht hat, sind auch an den Schwächen des Wahlsystems bzw. des politischen Systems. Die DP hat mit 53,3 Prozent der Stimmen 83,5 Prozent der Parlamentssitze für sich gewonnen, wodurch von Anfang an die Kontrollkompetenzen des Parlaments und der Opposition geschwächt waren. Zudem hat die DP-Regierung Veränderungen in der Satzung des Parlaments (*TBMM İç Tüzüğü*) beschlossen, mit denen die Kontrollkompetenzen des Parlaments begrenzt, die Immunitätsaufhebung vereinfacht und Strafmaßnahmen erschwert wurden.[33]

Wenngleich berechtigte Sorgen vor einem Militärputsch dabei eine Rolle gespielt haben mögen, hat die DP-Regierung bereits im Jahr 1950 die Enteignung von Immobilien und Vermögen der CHP in die Wege geleitet und

---

31 Bezüglich des Verhältnisses der DP(-Regierung) und ihrer Führungsriege zu Demokratie vgl. Sütçü, Güliz, *Democratic Party and Democracy in Turkey: With Special Reference to Celal Bayar and Adnan Menderes*, Dissertation, Department of Political Science Bilkent University, Ankara 2011. Sütçü fällt ihr Urteil über das Demokratieverständnis von DP, Premier Adnan Menderes und Staatspräsident Celal Bayar anhand der Konzepte „maximalist" und "minimalist democracy", (ebd., S. 207) und resümiert: „As their conceptualization included both dimensions, they were influential in the transition to a democratic regime and its development; conversely, since their conceptualization of democracy did not recognise that these two dimensions were inseparable, they again were influential in the breakdown of democracy" (ebd., S. 227).

32 Mehr dazu vgl. Güven, Dilek, *6–7 Eylül Olayları*, İstanbul 2006.

33 Tunçay, „Siyasal Tarih (1950–1960)", S. 184 ff.

damit das Verhältnis zur Opposition massiv angespannt. Obwohl die DP
einen Liberalismus vertrat und u. a. durch Demokratieversprechen an die
Macht gekommen war, hat die DP-Regierung bereits in der Anfangsphase
ihrer Amtszeit den öffentlichen Rundfunk für regierungs- und parteipoli-
tische Zwecke instrumentalisiert. Daher setzten bereits früh Repressionen
gegen die Medien ein (vgl. *resmi ilanlar kararnamesi*).

Die DP-Führung hat auch relativ frühzeitig die Einschränkung bzw. Begrenzung der innerparteilichen demokratischen Strukturen vorgenommen.
Im Jahr 1953 wurde der Straftatbestand „öffentliche Erniedrigung von Mi-
nistern" geschaffen, der für die Abwehr von Kritik instrumentalisiert wurde. Obwohl die DP-Regierung bereits in der Anfangsphase ihrer Amtszeit
Gesetze verabschiedete und Maßnahmen ergriff, die mit demokratischen
Grundsätzen nicht in Einklang standen, haben die autoritären Tendenzen
in der zweiten Legislaturperiode noch zugenommen.[34] Am Vorabend des
Militärputsches von 1960 verstärkte die DP-Regierung die repressiven
Maßnahmen gegenüber der Opposition, es kam zu Angriffen auf die Vertreter der CHP sowie auf ihren Vorsitzenden, die weder verhindert noch
strafrechtlich verfolgt wurden.[35]

Im Zuge der Wahlkampagne der CHP im Frühjahr 1960 verstärkten
sich die innenpolitischen Spannungen. Beispielsweise wurden für Erklärungen von İnönü Nachrichtensperren verhängt und der CHP Vorsitzende
wurde Zielscheibe eines Attentatsversuchs im Istanbuler Stadtteil Topkapı.
Die innenpolitische Lage spitzte sich weiter zu, als eine parlamentarische
Untersuchungskommission gegen die CHP eingerichtet wurde. Daraufhin
übte İnönü scharfe öffentliche Kritik an der DP-Regierung, verglich etwa
Menderes mit dem südkoreanischen Diktator Syngmann Ree und unter-
strich das Recht auf politischen Widerstand. Letzteres ist die Grundlage für
die Kritik an Inönü, dem Militärputsch grünes Licht gegeben zu haben.[36]

---

34 Bulut, Sedef, „Üçüncü Dönem Demokrat Parti İktidarı (1957–1960): Siyasi
Baskılar ve Tahkikat Komisyonu" (Third Term Democrat Party Government
(1957–1960): Political Repression and The Investigation Council), Akademik
Bakış, 2009, Heft 2, Nr. 4, Sommer 2009: 125–145.
35 Mehr zum Verhältnis der DP-Regierung zu Medien und Medienfreiheit vgl. Bulunmaz, Barış, „Türk Basın Tarihi İçerisinde Demokrat Parti Dönemi ve Sansür
Uygulamaları", *Öneri Dergisi*, 2012, Heft 10, Nr. 37: 203–210, S. 208 ff.
36 Tunçay, „Siyasal Tarih (1950–1960)", S. 186.

3.5 Die Außenpolitik der DP-Regierung

In der Außenpolitik setzte die DP-Regierung den pro-westlichen Kurs fort, trat nach der türkischen Beteiligung am Korea-Krieg der NATO bei und schloss in der Folge einen weiteren Verteidigungspakt mit Griechenland und Jugoslawien sowie den Bagdad- und später den CENTO-Pakt ab. Im Jahr 1951 wurde der Luftstützpunkt İncirlik errichtet, der sowohl für die USA als auch für die NATO von hoher geostrategischer Bedeutung war. In der zweiten Hälfte der 1950er Jahre kam es aufgrund der Spannungen mit Griechenland zu Verstimmungen mit den westlichen Bündnispartnern USA und der NATO, woraufhin die DP-Regierung eine schrittweise Annäherung an Deutschland einleitete.[37] Zusammenfassend lässt sich sagen, dass die DP-Regierung außenpolitisch die Türkei näher an den Westen herangeführt hat. Sie hat zudem einen Antrag auf Assoziierung mit der *Europäischen Wirtschaftsgemeinschaft* (EWG) gestellt. Die Beziehungen zum Westen während der Amtszeit der DP-Regierung zeigen ebenfalls und trotz des Machtwechsels von 1950 die Kontinuität in der Ausrichtung der türkischen Außenpolitik auf.[38]

4. Bruch mit der kemalistischen Moderne?

Der Machtwechsel von 1950 und die DP-Regierung lassen sich aus der Perspektive des Liberalismus als eine Volksbewegung mit Demokratisierungsbestrebungen interpretieren. Doch bald nach der Regierungsbildung überwogen die autoritären Tendenzen innerhalb der DP. Entgegen der insbesondere in konservativen Kreisen weit verbreiteten Auffassung trug die DP-Regierung kaum zu einer Konsolidierung und Vertiefung der türkischen Demokratie bei. Als einseitig sind auch die Interpretationen der Kemalisten, Laizisten sowie einigen Anhängern der Linkssozialisten einzuschätzen, welche die DP-Regierung als eine Allianz „herrschender Klassen"

---

37 Oran, „1945–1960: Batı Bloku Ekseninde Türkiye – 1: Dönemin Bilançosu", S. 492 ff.

38 Vgl. kritisch zur türkischen Außenpolitik Sancaktar, Caner, „Demokrat Parti Dönemi Türk Dış Politikası'na Marksist Yaklaşım" [A Marxist Approach to the Turkish Foreign Policy in the Period of the Democratic Party], Bilge Strateji, Heft 3, Nr. 5, Herbst 2011: 25–98, S. 76 ff.

(Großgrundbesitzer und Handelsbourgeoisie) einstufen, die das Land dem „kapitalistisch-imperialistischen Block" unterworfen hat, ohne dabei die maßgebende Rolle der CHP-Regierung und des Staatspräsidenten İnönü zu berücksichtigen.[39]

Obwohl sich die DP auf den Unmut in der Bevölkerung stützte und als Verfechterin von Demokratisierungsbestrebungen an die Macht kam, hat sie die autoritäre Staatstradition fortgesetzt. Sowohl ihre Öffnung gegenüber religiösen Forderungen als auch ihre Orientierung an das westliche Bündnissystem gehen auf die CHP-Regierung zurück, die von der DP-Regierung fortgeführt wurden. Insofern entspricht es kaum der historischen Wirklichkeit, den politischen Machtwechsel von 1950 und die Amtszeit der DP-Regierung als radikalen Bruch mit der kemalistischen Tradition zu interpretieren.

Die DP-Regierung hat die Wirtschafts- und Außenpolitik der CHP-Regierung lediglich fortgesetzt. Auch mit Blick auf das repressive Vorgehen gegen die Opposition steht die DP-Regierung in der Tradition des autoritären Staates. Ähnliches gilt für das Verhältnis von Staat und Bourgeoisie, hier hat die DP-Regierung die Politik der Stärkung der Großunternehmer und des privaten Sektors nicht eingeführt, sondern diese von ihrer Vorgängerregierung übernommen. Aus den angeführten Gründen und Überlegungen erscheint es treffender, die sozio-politischen und wirtschaftlichen Entwicklungen in der Zeit zwischen 1945 und 1960 als Kontinuum zu interpretieren.

Gleichwohl verkörpert die DP-Regierung ein Novum in der Geschichte der modernen Türkei: Zum ersten Mal hat die türkische Bevölkerung durch freie Wahlen eine amtierende Regierung abgewählt. Insofern lässt sich der Machtwechsel von 1950 als ein Ausdruck der wirkungsvollen politischen Kraft der breiten Masse verstehen. Eine weitere Zäsur betrifft die Rolle des Staates gegenüber sozialen Klassen sowie die Neukonfiguration der Beziehungen zwischen Staat, Bürokratie und Bourgeoisie. In Zeit nach 1950 verliert die Klasse der Bürokraten an Macht und Einfluss und verliert gar ihre Klassencharakteristik (im Sinne einer „Klasse für sich"). Im Gegenzug dazu gewinnen die Klassen der Bourgeoisie und der Großgrundbesitzer an politischer Macht im Staat, welcher sich immer mehr zu seiner Aufgabe macht, die kapitalistischen Verhältnisse aufrechtzuerhalten.

---

39 Tunçay, „Siyasal Tarih (1950–1960)", S. 178.

Literaturverzeichnis

Akalın, Cüneyt (2003): Missouri'nin Ziyaretinin Tarihsel Anlamı, *Yakın Dönem Türkiye Araştırmaları*, Nr. 3: 1–13.

Akandere, Osman (2003): Bir Demokrasi Beyannamesi Olarak »Dörtlü Takrir«, in: Amacı ve Mahiyeti, *Selçuk Üniversitesi Sosyal Bilimler Dergisi*, Nr. 9: S. 5–28.

Boratav, Korkut (1997): İktisat Tarihi, 1908–1980, in: Mete Tunçay u. a. (Hg.), *Türkiye Tarihi 4: Çağdaş Türkiye 1908–1980*. İstanbul, S. 265–354.

Buğra, Ayşe/Savaşkan, Osman, *The new Capital in Turkey*, Cheltenham 2014.

Bulunmaz, Barış (2012): Türk Basın Tarihi İçerisinde Demokrat Parti Dönemi ve Sansür Uygulamaları, *Öneri Dergisi*, Heft 10, Nr. 37: S. 203–210.

Bulut, Sedef, „Üçüncü Dönem Demokrat Parti İktidarı (1957–1960): Siyasi Baskılar ve Tahkikat Komisyonu" (Third Term Democrat Party Government (1957–1960): Political Repression and The Investigation Council), *Akademik Bakış*, 2009, Heft 2, Nr. 4, Sommer 2009: S. 125–145.

Erdoğan, Recep Tayyip (2012): „Demokrasi Şehidimiz Adnan Menderes'i Anarken", *Adnan Menderes Demokrasi Platformu*, Jahr 1, Nr. 1: S. 14–15.

Günay, Cengiz (2012): *Geschichte der Türkei: Von den Anfängen der Moderne bis heute*. Wien.

Güven, Dilek (2006): *6–7 Eylül Olayları*. İstanbul.

Güzel, Hasan Celal (15.5.2009): 14 Mayıs Düşünceleri, *Radikal*.

Hür, Ayşe (24.05.2015): 27 Mayıs'ın ardından: Yassıada, intiharlar, idamlar, *Radikal*, (http://www.radikal.com.tr/yazarlar/ayse-hur/27-mayisin-ardindan-yassiada-intiharlar-idamlar-1364307/).

Kalaycıoğlu, Ersin (2005): *Turkish Dynamics: Bridge Across Troubled Lands*. New York.

Kanca, Osman Cenk (2012): 1950–1960 Arası Türkiye'de Uygulanan Sosyo-Ekonomik Politikalar, *Mustafa Kemal Üniversitesi Sosyal Bilimler Enstitüsü Dergisi*, Heft 9, Nr. 19: S. 47–63.

Keyder, Çağlar (1989): *Türkiye'de Devlet ve Sınıflar* [State and Class in Turkey: A Study in Capitalist Development]. İstanbul.

Kırkpınar, Leyla (2000): Demokrat Parti ve Muhalefet Stratejisi, *Çağdaş Türkiye Tarihi Araştırmaları Dergisi*, Heft 3, Nr. 9/10: S. 85–98.

Oran, Baskın (2012): 1945–1960: Batı Bloku Ekseninde Türkiye – 1: Döne-min Bilançosu, in: Ders. (Hg.), *Türk Dış Politikası: Kurtuluş Savaşından Bugüne Olgular, Belgeler, Yorumlar,* İstanbul: S. 479–521.

Özer, M. Halis (2014): Cumhuriyetin İlk Yıllarında Milli Tüccar Oluştur-ma Çabalarında İş Bankası'nın Rolü, *Ankara Üniversitesi SBF Dergisi,* Nr. 69(2): S. 351–377.

Parla, Taha (2006): *Ziya Gökalp, Kemalizm ve Türkiye'de Korporatizm.* İstanbul.

Rustow, Dankwart A. (1991): Political Parties in Turkey: An Overview, in: Metin Heper/Jacob M. Landau (Hg.), *Political Parties and Democracy in Turkey,* London & New York: S. 10–23.

Sancaktar, Caner (2011): „Demokrat Parti Dönemi Türk Dış Politikası'na Marksist Yaklaşım" [A Marxist Approach to the Turkish Foreign Policy in the Period of the Democratic Party], *Bilge Strateji,* Heft 3, Nr. 5: S. 25–98.

Sütçü, Güliz (2011): *Democratic Party and Democracy in Turkey: With Special Reference to Celal Bayar and Adnan Menderes,* Dissertation, Department of Political Science Bilkent University. Ankara.

Tuna, Işıl, (2015): Verilişinin 70. Yılında Demokratikleşme Belgesi Olarak Türk Siyasal Hayatında Dörtlü Takrir, *Çağdaş Türkiye Tarihi Araştır-maları Dergisi* (Journal of Modern Turkish History Studies), Nr. XV/30: S. 203–219.

Tunçay, Mete (1997): Siyasal Tarih (1950–1960), in: Ders. u. a. (Hg.), *Tür-kiye Tarihi 4: Çağdaş Türkiye 1908–1980,* İstanbul: S. 177–187.

Tezel, Yahya S. (2002): *Cumhuriyet Döneminin İktisadi Tarihi.* İstanbul.

Varlı, Arzu u. Koraltürk, Murat (2010): İkinci Meşrutiyet'ten Erken Cum-huriyet'e Milli İktisadın Sürekliliği ve İzmir İktisat Kongresi, ÇTTAD – *Çağdaş Türkiye Tarihi Araştırmaları Dergisi,* IX/20–21: S. 127–142.

Weber, Max (1980): *Wirtschaft und Gesellschaft: Grundriss der verstehen-den Soziologie.* Tübingen.

Yerasimos, Stefanos (2005): *Azgelişmişlik Sürecinde Türkiye 3: 1. Dünya Savaşından 1971'e.* Istanbul.

Yıldırmaz, Sinan (2008): Demokrat Parti ve Dönemi: Sol Tarih Yazımında 'Kayıp' Zamanın İzinde, *Praksis,* Nr. 18: S. 23–42.

Zürcher, Erik J. (2004): *Turkey – A Modern History.* London u. New York.

Dilek Yankaya

The "New Islamic Bourgeoisie": Engagement Patterns, Elite Competition, and Clientelistic Connections

Abstract: The transformation of Islamic movements within globalized capitalism was interpreted as a sign of post-Islamism. Yet, this chapter shows that market-oriented forms of Islamic mobilization also have authoritarian tendencies because they aspire to control capital accumulation processes, state institutions and symbolic representations of society.

If Recep Tayyip Erdogan has been claiming Turgut Özal's legacy, it is because the decades of economic and financial liberalization under Özal's governance in the 1980s and 1990s[1] engendered a total restructuring of the dominant patterns of social groups claiming Islamic identitiy. Today, the Justice and Development Party (Justice and Development Party: JDP) is the hegemonic heir of this political movement. This study focuses on the socio-political foundations of an association of businessmen, instituted in 1990 as MÜSİAD (Müstakil Sanayici ve İş Adamları Derneği: The Independent Industrialists' and Businessmen Association), which uses specific Islamic elements of identification to characterize its economic and political actions since the 1980s.

This is not the only business association regrouping Islamic-leaning Turkish businessmen, but it is the largest and most influential one.[2] MÜSİAD is

---

1 T. Özal served first as Under Secretary of State between 1980 and 1983 under the junta government, then as Prime Minister from 1983 to 1989 and finally as the President of the Republic until his death in 1993.

2 There are also The Confederation of Turkish Industrials and Businessmen (TUSKON), the businessmen branch of Fethullah Gülen movement, and All Insdustrial and Businessmen Association (TÜMSİAD), bringing together businessmen as well as sharing a specific religious communitarian background. These organizations gather businessmen claiming of Islamic references and together constitute the businessmen section of the Islamic bourgeoisie. However, they diverge with respect to their organizational structures, institutional history, social and political connections as well as ambition for power. They also differ

composed of more than 11,000 members, its network is organized at the national level with 81 branches in Turkey as well as at the transnational level with 55 offices and official representatives in about 60 countries. It is a large network for trade and information exchange oriented to the global promotion of the members' economic interests and the group's influence on national and international markets as well as on foreign politics. Its transnational action has two dimensions. First, it is an ethical advocacy group pretending to represent a new type of Islamic businessmen with strong ethical and cultural claims.[3] Second, it is also an interest group in the sense that MÜSİAD coordinates a transnational cooperation platform, International Business Forum (IBF), which assures connections between Islamic businessmen in the world. Through its presidency in the IBF, the Turkish Islamic bourgeoisie aspires to bring change into Muslim countries, especially by exporting its organizational model,[4] and pretends to contribute to their economic development. The formation and the institutionalization of such Islamic businessmen circles correspond to an internationally valid process of *embourgeoisement* of Islamism through the emergence a globalization-friendly "market Islam"[5] in Turkey and in other Muslim countries. It is triggered by the transition to a market society in the 1980s.

The transformation of the Islamic movements in the context of market liberalization and globalization has been interpreted as the forerunner of depoliticized forms of Islamism, of the decline of political Islam or of post-Islamism[6] and of the emergence of an autonomous and moral-

---

in terms of their relations with the JDP government. TUSKON is in a conflictual position with the government since 2013 while (TÜMSİAD) is, along with MÜSİAD, close to it.

3   See Müsiad, Homo Islamicus: İş Dünyasında İslam İnsanı [Homo Islamicus: Muslim man in the business world, Istanbul, 1994; Müsiad, İktisat, Tarih, Zihniyet Dünyamız [Our World of Economy, History and Mentality], Istanbul, 2006.

4   This ambition was partially satisfied after the Arab Spring when two businessmen associations were created in Tunisia and in Egypt after Müsiad's model and with the assistance of Müsiad officers.

5   See Haenni, Patrick, L'islam de marché, Paris, 2005, pp. 7–13.

6   See Kepel, Gilles, Jihad: expansion et déclin de l'islamisme, Paris, 2000; Olivier, Roy, L'islam mondialisé, Paris, 2002 .

ized civil society[7]. However, this chapter argues, by analysing the Turkish case, that the capitalism-friendly patterns of Islamic mobilization are also political in the sense that they express political ambitions to control the capital accumulation processes, state institutions and resources, as well as the cultural and symbolic representations of a given society.[8] The market-friendly forms of Islamism have used the market economy and civil society as the main fields of action; however, this action is strongly oriented to consolidate the group's status in the economic, political and symbolic power structures.

The following citation from MÜSİAD's founding figure Erol Yarar shows how this business group's claim for a new social status is indeed an assertive claim for power and social change in Turkey with a claim for authenticity:

> "[MÜSİAD] is not a new bourgeoisie, but an authentic bourgeoisie ... We are the true bourgeoisie. Unlike the bourgeoisie of the Republic, it comes from the Anatolian capital which, like the bourgeoisie in the West, grew naturally ... TÜSİAD is a bourgeoisie that has been fed by the state and which has its roots abroad. MÜSİAD rooted in the country. This is the real bourgeoisie ... TÜSİAD is the past, MÜSİAD is the future."[9]

The new "Islamic bourgeoisie" institutes itself through specific and market-oriented mobilization patterns using a strong competitive logic – in both economic and moral terms – with the established elites. This article traces the socio-political history of the consolidation of a specific businessmen section of the Turkish Islamic bourgeoisie by studying the formation of MÜSİAD, the main constitutive and representative agent of this new business elite, identifying its activism with Islam. The analysis shows how Islamic elites developed new patterns of collective action within both economic and associative fields to constitute a new dominant group, and how they accommodated their Islamic representations to the evolution of Turkey's political context in line with opportunity structures and connections with political elites.

---

7   See Haenni, Patrick, op.cit., p. 104.
8   For our definition of politics see Mandaville, Peter Transnational Muslim Politics, Londres & New York, 2001, p. 59; See Bayart, Jean-François, «L'énonciation du politique», in: Revue française de science politique, 1985, p. 343–373.
9   Haber7, 2 August 2009.

Businessmen association as a new engagement pattern for Islamic elites

In the 1980s, Istanbul-based businessmen who had a common militant past within the Islamist movement – members of parties and student associations of National Vision and graduates of *imam-hatip* high schools – started to gather in Istanbul to exchange information about the markets and foreign trade as well as to seize new privatization opportunities, especially by developing close relations with T. Özal. These gatherings turned into a business solidarity movement when these businessmen created a common bank account to address the cash needs of each other, to employ staff and to rent a place for regular meetings. After several years of unofficial gatherings, twelve of them, owners of small- and medium-sized enterprises (SMEs) operating in various industries, founded MÜSİAD on May 5th 1990 in Istanbul.

This founding moment corresponded to consciousness-raising activism through which the founders organized events, meetings and dinners to develop their group, to explain the need for collective actions to develop their business,[10] to have public recognition and further market share. For upward mobility, the availability of resources and the actors' capacity to mobilize them are a prerequisite to secure a stable organizational structure.[11] As such, the foundation of MÜSİAD is a perfect business mobilization case in the associative field, stressing three main dimensions of group formation: economic, socio-political and moral First, the founders were all businessmen, their first move was to mobilize material resources and they referred to the promotion of their economic interest as their common objective. Secondly, the acquaintances and the politicized forms of attachment to religion were reactivated, within the market economy dynamics, to consolidate a social capital among business owners as well as to establish links with right-wing

---

10 This study is based on a field work realized with 68 Müsiad members in Istanbul, Sakarya, Konya, Kayseri and Antalya.

11 See Farro, Antimo L., Les mouvements sociaux: diversité, action collective et globalisation, Montréal, 2000; Freeman, Jo, «Resource Mobilization and Strategy: A Model for Analyzing Social Movement Organization Actions», in: Zald, Mayer N./ McCarthy, John D., The Dynamics of Social Movements Resource Mobilization, Social Control and Tactics, Massachusetts, 1979, pp. 172–175.

political elites. Finally, a moral frame was constructed based on Islamic references to legitimate their action and to claim for an ethical difference in the market. Emotions and religious convictions appear as real motivating elements of this militancy.

A founder talked about faith and fight when he evoked this period. In his view the foundation of MÜSİAD was a public responsibility, a moral mission and almost a sacred battle for these businessmen:

> *"[We organized dinners, meetings.] But we saw that we were only twenty-five. Some of our friends were demoralized ... We then said we were a few to believe and to do that. How many people were there with our Prophet? It's a fight. Someone takes the flag and it is followed by either ten or one hundred people. We were convinced of our action. We ended up with twelve friends to found [MÜSİAD]."*[12]

The actors' enterprise hereby entered into the history of the expansion of Islam by engaging political representations of the Prophet's and his companions' "warrior spirit". This conviction of the "rightness" of this specific mobilization shows how the attachment to Islam is called up not only as a social capital factor but also as a politico-symbolic resource of the foundation of MÜSİAD.

A collective identity was defined for the group when this mobilization came out in the public sphere. MÜSİAD's founders announced their objective as to advance SMEs' interests, enlarging the field of action beyond Istanbul to this end. Their mobilization took the form of contesting the dominant structure of capital accumulation and business representation. They wanted to challenge, on the one hand, the State's development policies favoring big businesses and, on the other hand, big businesses' dominant position in the economy as well as in the Chambers of Commerce and Industry. SMEs were in fact marginalized with respect to dominant mechanisms through which privileges, investment allowances and subsidies were distributed in favor of large companies, principally those in Istanbul.[13]

---

12 Interview with a founder, Istanbul, 2007.
13 A study conducted in 1990 by Istanbul Chamber of commerce showed that 90 % of SMEs have never received State aid. See Buğra, Ayşe, «Class, Culture, and State: an analysis of interest representation by two Turkish business associations», in: International Journal of Middle Eastern Studies, 1998, Vol. 30, pp. 523–524.

Although the SME sector considerably developed in the 1980s, it lacked representation because of the top-down structure of the Chambers of Commerce and Industry as well as the dominant role of the members of TÜSİAD (Turkish Industrialists' and Businessmen's Association) in these institutions, which, according to many SME owners, did not pay enough attentions to their needs and problems[14].

Furthermore, the fact that SMEs were regionally scattered and industrially diversified was an obstructing factor for the emergence of collective action dynamics among their owners. We observe that the Islamic business elite of Istanbul behaved as an "active minority", even if it was inherently an interest-based operation, on the decision of SME owners, especially those claiming to be pious, as a social group in Turkey. The fact that other businessmen associations were created in the late 1990s and 2000s around the same objective of representing SMEs is proof of rising consciousness and a politicization process among the SME owners.[15] To legitimize their aspirations for greater economic power and political influence, these Islamic elites proclaimed themselves as the spokesmen for the socio-economic interests of small industrialists and businessmen that they categorized as the "Anatolian capital" in opposition with the long-established business elites of TÜSİAD.

Elite competition frame: MÜSİAD versus TÜSİAD

The new businessmen association was positioned against two senior actors of the Turkish employers' field: The Union of Chambers and Commodity Exchanges of Turkey (TOBB) and TÜSİAD, which Islamic elites charged of, respectively, "*doing nothing else then being the battlefield of political parties*" and of being "*a closed elite club*"[16]. Indeed, the literature presents a strong analysis of how the Chambers of Commerce and Industry, as state-founded and centrally administered institutions, have been more instruments of top-down state control over the business community than

---

14 This is a common critic addressed in many interviews.
15 Even TÜSİAD was interested in the SME sectors in the 2000s and incited the creation of a national SME network to gather Anatolian local businessmen associations under the umbrella of Türkonfed in 2004.
16 This is a common critic laid out by many Müsiad members in Istanbul, Konya, Sakarya, Antalya, Kayseri, 2007.

an instance of bottom-up representation tool.[17] In addition to the distrust of Chambers, MÜSİAD's founders took TÜSİAD as the reference point to frame their contestation. A founder explained this process:

> "When we decided to found MÜSİAD, we were told that there were already the chambers of commerce and there was already TÜSİAD as a voluntary business-men association, what purpose would MÜSİAD thus serve?? But TÜSİAD did not accept us, it formed a closed network. Perhaps we would not have wanted to integrate it either given their worldview. In fact, MÜSİAD's founding was a very good thing after that of TÜSİAD: it opened the door wide to the Anatolian capital."[18]

It is interesting to note that TÜSİAD was a guiding model for MÜSİAD founders in two ways. On the one hand, the Islamic businessmen took it as a model of representation and mobilization – a voluntary-based non-lucrative association – which has pioneered a shift from state corporatism to the pluralization of modes of business representation. It was also considered a successful business mobilization form in the sense that it had assured a strong public status to the big business providing it with a legitimate, in-stitutional and official tool to express opinions about political issues. On the other hand, it was criticized as a counter-model because of its "elitism" and its close relations with the state:

> "TÜSİAD is like the city clubs formed by the elite ... Not everyone can enter; even if you have money, they will not accept you. Its members are very powerful eco-nomically and politically. When we founded MÜSİAD in 1990, there was nobody else then TÜSİAD to represent businessmen in Turkey. And we were convinced that its members were not independent [from the state]."[19]

TÜSİAD was founded in 1971 in Istanbul by twelve businessmen who were the heads of the largest industrial conglomerates in the country.[20] Rich in financial and social capital, and politically influential, it, however, used to

---

17 See Buğra, Ayşe, State and Business in Turkey, Albany, 1994; Heper, Metin, «The State and Interest Groups With Special Reference to Turkey», in: Heper, Metin (éd.), Strong State and Economic Interest Groups: The Post-1980 Turkish Experience, Berlin, 1991, p. 16.

18 Interview with a founder, Istanbul, 2007.

19 Interview with a founder, Istanbul, 2007.

20 The founders are Vehbi Koç (Koç Holding A.S.), Selçuk Yaşar (Yasar Holding A.S.), Feyyaz Berker (Tekfen A.S.), Hikmet Erenyol (Elektrometal San. A.S.), Dr. Nejat Eczacıbaşı (Eczacıbaşı Holding A.S.), Raşit Özsaruhan, (Metaş A.S.), Melih Özakat, (Özakat A.S.), Osman Boyner (Altınyıldız Mensucat A.S.), Sakıp

have a weak symbolic capital in the eyes of the national economic community largely composed of SMEs, especially of those aspiring for greater market share and political influence, and who disapproved of the privileged position of Istanbul firms. Since businessmen affiliated to it were seen as having privileged links with the state, MÜSİAD's founders claimed, as reflected in the name of the association, to be "independent" from politics, to claim a representation role among local business communities: *"We were mobilized independently, without any attachment to a party or any political identity."*

This claim should be taken very critically both given MÜSİAD's founders' political positioning and organizational dynamics and the intricate relations they developed in time with different political actors, as is shown below. However, at that time this counter-elitist reasoning provided a political frame to the definition of the institutional identity of MÜSİAD as a contribution to a more pluralist and dynamic businessmen representation sphere. The use of the idea of a political and economic concurrent[21] of TÜSİAD, served as a unifying factor in the construction of a collective identity about "who we are". "We" referred to an "Anatolian movement", defined as "democratic", as "close to the society" and as "really concerned with people's problems and demands"[22] as opposed to what has been considered as the elitist considerations of Istanbul's big capital holders.

This symbolic framing was of crucial significance given the internal divergences of the MÜSİAD community, which might have jeopardized the national expansion of the collective action. First of all, there were industry-based divergences. MÜSİAD did not define any industrial preferences and brought together businessmen from nearly all sectors: construction, automotive, textile, chemical industry, metallurgy and mining, printing, packaging, advertising, information technology, energy, the food industry and services. Secondly, these companies showed different levels of integration

---

Sabancı (Sabancı Holding A.S.), Ahmet Sapmaz (Güney Sanayi A.S.), Ibrahim Bodur (Çanakkale Seramik A.S.), Muzaffer Gazioğlu (Elyaflı Çimento San. A.S.).

21 See Zdravomsylova, Elena, «Opportunities and framing in the transition to democracy: the case of Russia», in: McAdam, Doug, McCarthy John D. et Mayer N. Zald (éd.), Comparative Perspectives on Social Movements, New York, 1996, pp. 124–126.

22 Different interviews, 2007.

in national and international markets, some were exporters and other importers. The divergent parameters of action were therefore another interest differentiation factor.

Last but not least, they were of different sizes. Even if the majority was composed of SMEs, large companies were also among the members. These structural elements, taken from a pure economic perspective, could complicate the definition of a common identity, collective interests and shared objectives. However, opposition to the big business' hegemony was their common leitmotif to join the group. The other common elements were the connections of the members, especially of the first ones, to the Islamist movement. This is how the group cohesion was generated with reference to a specific social stratification category, "Anatolian capital" invented by political Islam.

Representing the "Anatolian capital": on the trail of political Islam

It is no coincidence that Konya occupied a key place in the national expansion of the MÜSİAD network at the beginning of the 1990s. It is in this city where Necmettin Erbakan, founder of the National Vision movement (Milli Görüş – NV) and iconic leader of the Turkish political Islam, was elected for the time as an independent deputy in the 1969 parliamentary elections, showing the power of local networks outside of official party structures, based on conservative and religious circles. The first MÜSİAD members in Konya came directly from these circles, thereby manifesting the social continuities between two fields of Islamic militancy: political partisanship and businessmen activism.[23]

The use of the term "Anatolian capital" reveals another aspect of this continuity explicating the recovery of Islamist political imaginary. Historically, small retailers and manufacturers were first referred to as the "Anatolian capital" by Erbakan during his electoral campaign in 1969. This is how he invented a new political, economic and moral stratification principle between "Anatolia" and "big cities". He reframed his opposition to the established secularist elites as well as their large companies and their representative structures in a moralistic duality frame:

---

23 See Yankaya, Dilek, La Nouvelle bourgeoisie islamique: le modèle turc, Paris, 2013, pp. 97–101.

> "*The economic mechanisms favor traders of big cities and Anatolian traders feel like orphans. The lion's share of import quotas go into the hands of merchants of three or four major cities. The deposits of the Anatolian people in the Anatolian banks are given on loan to traders of large cities. TOBB functions as the instrument of a comprador and Masonic minority ... Therefore, we first wanted to join the board and put TOBB at the service of commerce and industry of Anatolia.*"[24]

The term "Anatolian capital" became a part of the political discourse in Turkey to name a social category of the holders of small businesses located in Anatolian provinces other than those industrialized ones like Istanbul, Izmir and Ankara. However, its meaning goes beyond that of a geographical referent; the term became a master narrative element constructed by these Islamic elites through the idealization of Islam as the homogenous identifying element of those groups left outside of the elite structures. "Anatolian capital" was defined by an imagined collective attachment to Islamic religion, morals, symbols and traditions as opposed to economic groups of big cities which were, in turn, condemned as westernized and *therefore* alienated from the would-be authentic Islamic and Anatolian roots. The economic fragmentation of the national community was hence coupled with a moral claim stressing religious references as a major dividing line of the Turkish society. The term was used to provide a moral justification to the political mobilization of religiosity and came to express Islamist movement's major reproach to state's policy of *laïcité* and secularization.

The term "Anatolian capital" has therefore become a sociopolitical metaphor and has been abundantly mobilized by Islamic businessmen twenty years later to qualify their movement on economic, cultural and moral terms. One of the presidents adopted the same discourse to express himself on the businessmen-association competition:

> "*The conservative identity is a key factor in the rapid expansion of MÜSİAD. TÜSİAD cannot grow more than what it is [because of] its lifestyle, westernized discourse, its integration with the West regardless of national values, its refusal to assume a conservative identity ... In Turkey, this cannot be a model.*"[25]

---

24 See Cem, Ismail, Türkiye Üzerine [A propos de Turquie], Istanbul, Cem Yayınevi, 1970, p. 57.
25 Interview with a founder, Istanbul, 2007.

The competition was henceforth no longer only between two business communities – SMEs versus large enterprises. It was also a competition between the Islamic habitus and religious way of life of which SMEs were presented as the carriers on the one hand, and secular habitus and western leaning denigrated as big businessmen's features, on the other. This study of the structural and symbolic dimensions of Islamic businessmen's mobilization is to be completed by the political behavior of the new business group, since the new Islamic elite had to find its place within the political patronage networks to pursue its claim for power in competition with the established elites.

The clientelistic configurations and allies searching for power

In 1990, when MÜSİAD was founded, the main coalitions between parties and businessmen organizations were already in place. TOBB was close to the True Path Party (DYP – Doğru Yol Partisi) and TÜSİAD had good relations with the Motherland Party (ANAP – Anavatan Partisi). Newly founded, MÜSİAD was on good terms with T. Özal during his last years as President of the Republic of Turkey. *"Özal saw MÜSİAD as the main social base on which it would support his political re-engagement [in party politics]"* said a founder.[26] The foundation of the association corresponded to an important moment in T. Özal's political trajectory: He was seeking a foothold in the employers' field to balance the weight of coalitions in place. He had close personal links with some of MÜSİAD's founders but also with the Islamist movement since his run for parliamentary elections for the first time in 1977 for the National Salvation Party, founded by Erbakan. He also considered an Islamic businessmen association as an advantageous ally for his new economic diplomacy aiming to attract Gulf investors to Turkey, for which a new generation of Islamic finance institutions was created.[27] T. Özal publicly sponsored MÜSİAD, whose members accompanied him for his trip to Central Asia; he participated in Ramadan dinners held by the association

---

26 Interview with a founder, Istanbul, 2007.
27 See Moore, Clement Henry, «Islamic Banks and Competitive Politics in the Arab World and in Turkey», Middle East Journal, Spring 1990, Vol. 44, No. 2, pp. 234–255.

and attended the inauguration of provincial branches. This alliance ensured a substantial legitimacy to MÜSİAD within the clientelistic configurations.

At the beginning of 1990s, MÜSİAD took a neutral stance with respect to party politics, even with regard to the Welfare Party (Refah Partisi: WP) of Erbakan despite the strong ideological and personal affinities. This was a strategic move to keep distances with the WP despite Erbakan's public declarations openly proclaiming affinities with MÜSİAD, since the party occupied a marginal position on the political scene in the early 1990s and its predecessors had been banned after being condemned of religious fundamentalism. The association adopted a progressive political strategy to profit from flexible and short-term coalitions with different political actors according to the changing political and economic circumstances of the country. MÜSİAD's founders opted for more pragmatic tactics such as individually approaching members of liberal conservative parties, the ANAP and the DYP, and inviting large companies close to these parties, such as Ekinciler and Cevahirler, to join the association to assure themselves individual-based channels of access to political elites.[28]

However, two changes in the political context modified the way the Islamic business elite dealt with political elites. The first one was T. Özal's death: *"After the death of Özal, we broke with the party,"* said a founder and former president of the Konya branch.[29] The second was the WP's victory at the 1994 local elections in two major cities, Ankara and Istanbul, thus acquiring a brand new legitimacy and control over local mechanisms of favor distribution. Furthermore, in 1995 the party won at the national elections and came to power in a coalition government – Refahyol – with the DYP as partner and Erbakan as the Prime minister.[30] These victories reinforced WP's status as a reliable political ally. At that time, the DYP had close links to TOBB and, to balance this alliance, the WP needed an ally in the business world,

---

28 See Alkan, Haluk,/ Uğur, Aydın, «Türkiye'de Işadamı-devlet Ilişkileri Perspektifinden Müsiad» [Müsiad from the perspective of State-Businessmen relations], in: Toplum ve Bilim, 2000, no. 85, pp. 133–155.
29 Interview with a founder, Konya, 2007.
30 See for example Öniş, Ziya, «Political Islam at the Crossroads: From Hegemony to Coexistence», in: Contemporary Politics, 2001, Vol. 7, No. 4, pp. 281–298; Gulalp, Haldun, "Political Islam in Turkey: the rise and fall of the Refah Party", in: The Muslim World, Vol. 89, No. 1, 1999, pp. 22–41.

so MÜSİAD started to express its support for the new government. The association hoped, taking advantage of the weakness of the party on economic issues, to shape the economic policies in favor of its interests and to further its community's access to public resources and privileges.

This alliance had concrete outcomes in the economy. The Refahyol government denounced the "injustice done to SMEs"[31] and started to encourage them, especially those of MÜSİAD, during the privatization of the state economic enterprises (KITs) and for the allocation of state subsidies. Privatization of KITs and contract allocation in the defense industry were the two strategic tools by which the state had been involved in the enrichment of specific interest groups.[32] Under the new government, MÜSİAD members were favored in the distribution of benefits and the privatization of KITs. The large members as Kombassan and Kalyon Holdings were primarily awarded during auctions.[33] In the defense sector, Kombassan Holding obtained a large share of privatizations. Furthermore, smaller members founded a company, Yatırım Holding A.S., to participate in bids.[34]

The MÜSİAD-WP alliance manifested itself with foreign policy orientations as well. The former publicly supported the WP's D-8[35] project, still in effect, which has established a framework of cooperation between the Muslim countries. In return, the government supported the association's two projects: the "Cotton Union" aiming at developing trade between the Muslim countries in the Middle East, Central Asia, South Asia, and the "Medina Market" based on free-market mechanisms and furthered as a substitute to WP's *Just Order* program, considered by MÜSİAD's administration to be too "leftist, interventionist and theoretical".[36] These initiatives

---

31 Buğra, Ayşe, «Class, Culture, and State: An Analysis of Interest Representation by Two Turkish Business Associations», in: International Journal of Middle Eastern Studies, November 1998, Vol. 30, No. 4, p. 537.

32 See Alkan, Haluk,/ Uğur, Aydın, op.cit., p. 147.

33 See Ibid., p. 152.

34 See Özcan, Gül Berna, Çokgezen, Murat, "Limits to alternative forms of capitalization: The case of Anatolian holding companies", World Development, 2003, Vol. 31, No. 12, pp. 2061–2084.

35 This is an international organization created in 1996 with the participation of Iran, Pakistan, Bangladesh, Malaysia, Indonesia, Egypt and Nigeria to promote exchange and cooperation between developing Muslim countries.

36 See Alkan, / Uğur, op. cit., p. 148.

represented the Islamic elites' ambitions to establish the organizational infrastructure of an international Muslim bloc, idealized as the *umma*, the global union of the Muslim communities, with the claim to face the Western countries' economic hegemony[37]. Another idea was to capitalize these international Islamic connections in order to further these businessmen's entry into foreign markets. Hence, MÜSİAD members started to accompany the government elites during their official visits to Muslim countries and succeeded in obtaining business contracts which amounted to 800 million USD in 1996.[38]

MÜSİAD consolidated its place among businessmen representatives, and its membership progressively favored members with access to state-created privileges. In the context of competitive clientilism in the 1990s, personal links and institutional affiliations played a key role in the distribution of privileges and wealth. "*You have to be somewhere,*"[39] said a member while talking about his reasons to join the association. Under the Refahyol government between 1995 and 1997, MÜSİAD significantly developed its organizational capacities, having its membership base grown rapidly to 3,000.[40] However, its alliance with the WP challenged its initial claim for institutional independence and became one of the main causes of its condemnation by the military intervention of 28th February 1997.

"28 February process": the establishment's authoritarian counter-attack

On 25th May 1997, the prosecutor of the Ankara State Security Court ordered the dissolution of the organizations related to the movement of the NV accused of promoting reactionary activities. MÜSİAD was blacklisted as the movement's business branch and the sponsor of the Islamization

---

37 See Yankaya, Dilek, «International Business Forum: une tentative de régionalisation par la bourgeoisie islamique turque en 'Afro-Eurasie'», in Anatoli, No. 5, 2014, pp. 231–254.
38 See Bulut, Faik, Tarikat Sermayesinin Yükselişi, Istanbul, 1997.
39 Interview with a member, Sakarya, 2007.
40 See Öniş, Ziya/ Türem, Umut, «Business, Globalisation and Democracy: A Comparative Analysis of Turkish Business Associations», in: Turkish Studies, 2001, Vol. 2, No. 2, p. 100.

project were striving, according to the prosecutor, "*to overthrow the republican, democratic and secular regime in favor of a new regime based on Sharia principles.*"[41] The association's president, Erol Yarar was accused of inciting the people to hatred because of his speech in 1997, in which he called for a new education law increasing the term of the compulsory education to eight years and thus imposing restrictions on Imam-Hatip Highschools (preachers' schools) as an "initiative of the infidels."[42] Along with the WP's leaders he was brought to the State Security Court and, although he was sentenced to imprisonment, he was not imprisoned but was forbidden to maintain his responsibilities in the family business.

This was the authoritarian process led by the National Security Council (CNS) when, on 28th February 1997,[43] the NSC ordered Prime Minister Erbakan and his Refahyol government to adopt measures against "radical groups" which were to threaten the secular Republic. The lawsuit filed by the Constitutional Court forced Erbakan to resign from the government and banned him and six other leaders of the WP from politics for five years. The WP was dissolved on 16th January 1998.

This process was broadened through the surveillance of persons and groups suspected of activities categorized as Islamist and anti-establishment. Nineteen newspapers, twenty TV channels, one hundred and ten magazines, eight hundred schools, one thousand two hundred student residences and two thousand five hundred associations and foundations were defined as the agents of reactionary Islamism and were placed under judicial supervision.[44] The investigation commission issued a list of companies that were suspected to financially support the reactionary Islamist activities.[45] The

---

41 Radikal, 18 May 1999. See Buğra, Ayşe, op.cit., 1998, p. 534; Öniş, Ziya; Türem, Umut «Entrepreneurs, Democracy and Citizenship in Turkey», Comparative Politics, July 2002, Vol. 34, No. 4, p. 447.

42 See Narlı, Nilüfer, «The rise of Islamist movement in Turkey», in: Middle East Review of International Affairs, September 1999, Vol. 3, No. 3, p. 9.

43 For an analysis of this process see Cizre-Sakallioglu/Umit, Cinar, Menderes, «Turkey 2002: Kemalism, Islamism, and politics in the light of the February 28 process», in: The South Atlantic Quarterly, 2003, Vol. 102, No. 2, pp. 309–332.

44 See Yavuz, Hakan, Islamic Political Identity in Turkey, Oxford, 2003, p. 246.

45 See Öniş, Ziya, «Political Islam at the Crossroads: From Hegemony to Coexistence», in: Contemporary Politics, 2001, Vol. 7, No. 4, p. 290.

report released by the Presidency of the Turkish Armed Forces General
Staff required, by a secret order, these companies to be excluded from
public calls for tenders and privatization contracts in the defense industry.
Published in newspapers, this decision became a public campaign through
which people were invited not to trade with companies like Kombassan,
Ihlas, Asya Ülker, Yimpas, Begendik and others affiliated with MÜSİAD,
called "Islamic capital".[46] Those of the members who had contracts with the
state or bank loans were directly affected by this purge which also caused
a wave of disaffiliation from MÜSİAD: membership, which previously assured large profits under T. Özal's governance and the WP government,
became a detrimental factor for business after the 27th February intervention; resulting in more than 600 members resigning.

Although the connections to the NV movement were declared as the
main reason for the pursuit of MÜSİAD's administration and members,
another reason, an economic one, is yet to be highlighted. It is a fact that
the member companies, by amplifying their market share and developing
new clientelistic links with the WP authorities in power, defied the status
quo, in which big businesses, mostly represented by TÜSİAD, have always
been favored. The auctions were set under the procurement program of
the Turkish military for ten years (1997–2006), favoring for the first time
Turkish companies over foreign ones. Promising therefore significant gains,
it has been a crucial economic issue for big holdings as well as for new firms
developed under the WP government. In 1997 companies like Yimpas, Ihlas
and Kombassan and a united consortium formed by MÜSİAD members
participated in auctions for the privatization of 25 distribution companies
and 12 power plants promising a gain of 4.2 billion USD, the largest privatization transaction ever conducted in Turkey.[47] Moreover, Ülker Holding participated in auctions of the defense industry for contracts valued at
100 billion USD and lasting until 2025, while Kombassan, Yimpas, Ittifak
and Adım Holding also sought to participate as a consortium. The greatest
acquisition was the purchase by Kombassan in 1997, of Petlas, a public

46 See Yavuz, op. cit., p. 246.
47 See Uzunay, Birol, «Mamullerimizin Hiçbirinde Irtica Yoktur», in: Ak-
siyon, 14 June 1997, no. 132. http://www.aksiyon.com.tr/detaylar.do?load=
detay&link=2674.

oil company, with a total value of over 35 million USD, which held the monopoly on military aircraft tire production in Turkey; it exported also to over sixty foreign countries including the European market.[48]

Given the rise of these new companies and their new access to public markets, TÜSİAD undertook a defensive strategy. It backed the order of the General Staff to marginalize these companies and supported the army's exclusionary action against MÜSİAD members by accusing them of corruption and illegal money transfers through media campaigns.[49] Although MÜSİAD's public image was damaged, the economic effects of this process on its members were mainly limited to the upper stratum of the leaders of the association and executives of large companies. The majority of members, composed of small merchants and manufacturers who produced for the local markets of their provinces, were spared because they did not represent an actual economic challenge to large holdings' prerogatives due to their size and the scope of their business.

Therefore, the 28th February process should be understood not only as a military intervention with secularist objectives, but also as the political expression of an interest-based conflict between the rising Islamic economic elites and the old well-established ones. Even though the latter restored their power by the end of 1998, it did not last long, since the new elites knew how to draw lessons from this conflict.

The reconfiguration of MÜSİAD after 1997 and the consolidation of Islamic business elites

Since its foundation, the association has focused its organizational expansion and developed its activities on the national and international level. It is noteworthy to observe that the military intervention of 1997 did not hinder this expansion. On the contrary, it constituted a turning point in the development of the Islamic bourgeoisie, with a strong empowerment effect on the way the Islamic elites reaffirmed their claim for power. The 28th February process showed that actors mobilizing religiosity outside of the state's defi-

---

48 Milliyet, 22 January 1998; See also Bulut, Faik, Tarikat Sermayesinin Yükselişi, Istanbul, 1997, p. 307–330.
49 See Buğra, Ayşe, op. cit., p. 534; Öniş, Ziya/Türem, Umut, op. cit.

nition and sphere were considered as a threat to the secular regime, running therefore the risk of being excluded from the legitimate institutional public sphere. The institutional frame in which Islamic references were mobilized, with an emphasis on themes such as national order, equality and justice, no longer appeared compatible with the globally-organized Turkish Islamic elites' professional ambitions, economic interests and political ambitions.

These facts explain how this process triggered a reconfiguration of the institutional representations and political positioning of the Islamic business elites. MÜSİAD endeavoured to renew its public image and its relations with party politics while it continued to develop its national and international networks. From 1998 until 2003 it presented a low profile in terms of its interventions into politics, distanced itself from the newly established Virtue Party (*Fazilet Partisi*: VP), succeeding the WP, which was also closed down in 2001, as were its predecessors.[50]

It gave the priority to its organizational development in order to seize new market opportunities for its members in Turkey and abroad. The association dismissed its president, Erol Yarar, who was publicly identified with political Islam, in favor of the more politically neutral figure Ali Bayramoglu, one of the founders. The new president came with a new discourse denouncing "the use of Islam in commercial life", "the abuse of religious sensibilities for economic rents as is done by some holdings" and "fund raising activities held by religious figures". The administration declared it had cut off its links with such firms using religion to further their economic interests and put an end to the membership of those companies. Furthermore, the association's emblem, formed of a factory chimney and a minaret, referring thus to Islam directly, was changed for a new religiously neutral one constituted of a factory wheel and a candle.

As part of this political and symbolic renewal, and following the European Union's decision to recognize Turkey an official candidate for full membership in 1999, MÜSİAD abandoned its strong Eurosceptic stance for a favorable posture. In the 1990s the association developed regional coop-

---

50 On the transition from the WP to the VP see for example Taniyici, Saban, "Transformation of Political Islam in Turkey Islamist Welfare Party's Pro-EU Turn", Party Politics, 2003, Vol. 9, No 4, pp. 463–483; Yeşilada, Birol A., "The Virtue Party", Turkish Studies, 2002, vol. 3, no 1, pp. 62–81.

eration projects with Muslim countries to counterbalance the membership project with the EU, which it used to denounce as part of the imperialist bloc together with the United States of America and Israel.[51] From 1999 onwards, the Islamic business elite started to support Turkey's membership policy, this time considered as a favorably strategy to strengthen the democratization process, the development of the Turkish economy in general, and the sustainable growth of their businesses in particular.[52]

The number of members increased to more than 8,000 at the beginning of the 2000s, and those on the list of the largest companies of the Istanbul Chamber of Industry doubled from 2003 to 2004 from four to eight.[53] The coming to power of the JDP in 2002 gave a strong impetus to the MÜSİAD business community to enjoy privileged links with the state.

The association won professional reputation and social prestige and became attractive to business owners who had ambitions to grow and engage in the international market. Membership started to work as a professional success mechanism as well as a vehicle for social upward mobility. Some of the MÜSİAD elites engaged in politics under the banner of JDP as party members or deputies. Some assumed responsibilities in the state administration, taking on positions in the assemblies, the sectoral committees and boards of local Chambers of commerce and industry, such as the Istanbul Chamber of Commerce, as well as the administration of TOBB.[54] These businessmen are often presented as the "JDP bourgeoisie" because of their privileged status and their strong support for the government's policies. The sociopolitical parallelism between the party and the association relies on multiple and long-lasting connections between the two organizations.

---

51 Müsiad, Prime Minister Necmettin Erbakan's Visit to East Asia and MÜSİAD's Visit to Bosnia-Herzegovina, No. 18, 1996, Istanbul, p. 7.
52 See Yankaya, Dilek, "The Europeanization of MÜSİAD: Political opportunism, Economic Europeanization, Islamic Euroscepticism", in: European Journal of Turkish Studies, No. 9, 2009, p. 18.
53 Yeni Şafak, 7 August 2005.
54 See Yankaya, Dilek, "The Consolidation of the New Islamic Bourgeoisie in Turkey. Elite Formation and Recruitment Patterns under the Justice and Development Party", in: Kadir Ustun et all. (ed.), Politics and Foreign Policy in Turkey, Ankara, 2015, pp. 45–80.

The power of the new Islamic bourgeoisie: affinities and connections

Given the socioeconomic, ideological and institutional affinities between the JDP militants and MÜSİAD's founders, the second appear as this bourgeoisie's *porte-parole* in the business field while the JDP is its political agent in party politics.[55] This business community holds a strong role in the formation of the JDP as a new political movement and in return this party's ascent to power provided Müsiad with a brand new position of influence within patronage networks. The association demonstrated its institutional affinity with the JDP government immediately after it took power in 2002. This affinity has been termed a form of Islamist patronage, contributing to the rise of "green capital" with the aim of the re-Islamization of society, aided by Islamist networks within the country and abroad.[56] However, the connections between the two organizations go far beyond a mere ideological alliance, and involve a deep mobilization process with a claim for social change other than a simple Islamist conspiracy.

We can distinguish three types of affinity between Müsiad and the JDP: socio-historical, personal and political. Firstly, the trajectories of the actors who founded these organizations are rooted in the same socio-political inheritance. They, and their fathers, militated in the 1970s within the NV movement. They claim T. Özal's legacy of the economically liberal and culturally conservative ideology established in the 1980s. Their organizational and membership structures were reshaped in the 1990s: they reformed the traditional institutional and ideological frame of political Islam; their discourse was changed in favor of a pro-EU and market-oriented stance; both organizations professionalized in its own sphere of activity – the Müsiad presenting itself as a businessmen association emphasizing the business-oriented services to its members and the JDP turning into a catch-all political party respecting, until 2007, the secular and democratic rules of the political sphere and the rule of law[57].

---

55 See Yankaya, Dilek, op. cit., 2013.
56 See Rubin, Michael, «Green Money, Islamist Politics in Turkey», in: Middle East Quarterly, 2005, Vol. 12, No. 1, pp. 13–23; Özdemir, Ali M./ Yücesan-Özdemir, Gamze, «Opening Pandora's Box: Social Security Reform in Turkey at the Time of the AKP», in: South-East Europe Review, Vol. 4, 2008, pp. 469–483.
57 See Özbudun, Ergun, "From political Islam to conservative democracy: the case of the Justice and Development Party in Turkey", in: South European

Secondly, this shared trajectory was shaped by the personal affinities between the JDP's and MÜSİAD's members, militants and supporters.[58] Islamic social capital plays a key role in the forging of the links between the two organizations. The founders of both organizations were socialized together in the same Islamic settings in the 1970s, such as the National Vision movement's youth and student organizations, and did business together in the 1980s in Istanbul, profiting from the opportunities created by liberalization. Although they did not take on any official responsibilities, the JDP's political elite supported or contributed to the foundation of Müsiad. Recep Tayyip Erdogan, the current President of the Turkish Republic, was a close friend of the founders and played a pioneering role in the association's foundation. Ahmet Davudoglu was MÜSİAD's international advisor in the 1990s, before serving as Minister of Foreign Affairs (2009–2014) and Prime Minister (2014–2016). Abdullah Gül, who occupied the post of Prime Minister in 2002 and 2003, Foreign Minister from 2003 to 2007 and President of the Turkish Republic from 2008 until 2014, had been an advisor for the MÜSİAD. The other members of his family are also members of the Kayseri branch of the association, for example Ali Babacan, Foreign Minister from 2007 to 2009, then Minister of Economy from 2009 to 2011 and deputy Vice-Prime Minister from 2011 to 2015.

There is a two-way circulation between Müsiad's and the JDP's militant bases. In 2002, for instance, A. Bayramoğlu, one of the founders and the second president of the association, was elected to the National Assembly. Moreover, Mehmet Erdoğan, ex-president of the Gaziantep branch (1998–2005) and the JDP Member of Parliament for the city of Gaziantep since 2002, became a member of the High Council of the association in 2010.[59] It is possible to multiply these examples beyond those of well-known public figures. When the JDP formed the government in November 2002, 23 of the JDP

---

society & politics, Vol. 11, no 3–4, 2006, pp. 543–557; Öniş, Ziya, "Conservative globalism at the crossroads: The justice and development party and the thorny path to democratic consolidation in Turkey", in: Mediterranean Politics, Vol. 14, No.1, 2009, pp. 21–40. For the authoritarian turn of JDP rule see for instance Esen, Berk, Gumuscu, Sebnem, "Rising competitive authoritarianism in Turkey," in: Third World Quarterly, 2016, pp. 1–26.

58　See Yankaya, Dilek, op.cit., 2013, pp. 125–145.

59　See Olay, 31 May 2010.

representatives were MÜSİAD members.[34] After its second victory in 2007, this number rose to 30. In the 2011 elections, 26 businessmen entered the parliament as JDP deputies. Even if their number dropped to 9 in the 2015 elections, the political activism of these elites continues to express itself under the JDP banner in general.

Thirdly, their political discourses also converge on a claim to espouse liberal economic norms and values. Both supported the EU accession process to end the army's influence in politics, to replace authoritarian secularism with gradual secularization and to develop freedoms in Islamic practice in the name of extending human rights and individual freedoms.[60] Favorable to Europeanization, they assiduously sought integration into the international system as an indispensable regional partner. They have claimed to represent a "cultural equation" characterized by "modern Islamic economic development"[61] and committed themselves to create what they call the "New Turkey". This project is built on a joint ambition to represent the "new middle classes" for the JDP,[62] and the "Anatolian capital" for MÜSİAD. However, more than representing such large and diversified social groups, the party as well as the businessmen association appear like twin organizations institutionalizing a rising bourgeois group aspiring to increase its control over wealth redistribution mechanisms as well as over the state apparatus.

Conclusion: new elites but old governing patterns

"Studying elites allows us to understand better and to foresee social change," writes Canadian sociologist Guy Rocher, *"because it allows the researcher to situate himself at the very heart of the transformation under*

60 See Dağı, Hasan, «Rethinking Human Rights, Democracy and the West: Post-Islamist Intellectuals in Turkey», Critique: in: Critical Middle Eastern Studies, 2004, Vol. 13, No. 2, pp. 135–151.

61 See Keyman, Fuat/ Koyuncu, Berrin, « AKP, MÜSİAD, Ekonomik Kalkınma ve Modernite », in: Düşünen Siyaset, 2004, Vol. 19, p. 127.

62 See Insel, Ahmet, «AKP and Normalizing Democracy in Turkey», in: South Atlantic Quarterly, 2003, Vol. 102, No. 2/3, p. 293; Yavuz, Hakan, Secularism and Muslim Democracy in Turkey, Cambridge, New York, Cambridge University Press, 2009, pp. 52, 257.

way, to look at the society and its surroundings with the eyes of those who are most actively involved in its development."[63] The analysis of the Turkish Islamic businessmen's mobilization patterns provides a privileged angle for the study of Islamism and for the sociology of elites. It shows how Islamism, both in its origins and its transformation, is in fact contextually embedded and, rather than an essentialist ideology, is reconfigured by the social status of the groups which carry it and the way they mobilize Islamic references. The Müsiad's business community is the principal beneficiary of the JDP's governance since 2002. Ever since, it has consolidated its political influence, its access to economic privileges and its intervention channels into public affairs. The member firms close to the JDP are more than ever dominant in the economy and secure great access to public resources, privileges and contracts.[64]

However, the consolidation of the new Islamic bourgeoisie's power presents two major challenges. Firstly, the Müsiad elites' power strategy, which is becoming extensively dependent on the clientelistic relations with the JDP government, jeopardizes its founding principle of institutional autonomy from party politics, which has been one of the determinant factors of its sustainable development since the 1990s. Adopting such an intertwined operating pattern reduces the association's room for maneuver, contradicts its ambition to represent the SME sector and triggers the politicization of Turkish business community.

This governance endangers the functioning of the economy, scales up injustice and inequality, and leads to the exclusion of groups who do not render allegiance to the power networks. Secondly, we witness the decline of the old elite since the 1980s and the rise of a new one strengthening its hold over political and economic institutions by monopolizing the state apparatus, institutional resources and legal practices. This change had promised some democratization, political pluralism and economic stability at the beginnings of the 2000s. However, the new Islamic bourgeoisie's power is

---

63 See Rocher, Guy, «Multiplication des élites et changement social au Canada français», in: Revue de l'Institut de sociologie, 1968, No. 1, p. 79.

64 For a detailed analysis on this issue see Buğra Ayse/ Savaşkan, Osman, New Capitalism in Turkey. The Relationship between Politics, Religion and Business, Cheltenham, 2014.

evolving into a closed-circle rule that is "Machiavellian in its strategy, personalized in administration and developing a personality cult".[65] The new powerholders therefore reproduce a very old *esprit d'Etat*, the authoritarian patterns of society and state making, yet one that is now legitimated by an Islamic political idea.

Literature

Acikel, Fethi (2016): Mevlana and Makyavel: AKP modelinin ve Islami Makyavelizmin krizi, in: Birikim, No. 325, S. 22–43.

Alkan, Haluk (1998): Türkiye'de Işadamı Örgütleri ve Devlet [Businessmen Associations and State in Turkey], Birikim, No. 114, S. 43–62.

Alkan, Haluk u. Uğur, Aydın (2000): Türkiye'de Işadamı-devlet Ilişkileri Perspektifinden Müsiad [Müsiad from the perspective of State-Businessmen relations], in: Toplum ve Bilim, no. 85, S. 133–155.

Bayart, Jean-François (1985): L'énonciation du politique, in: Revue française de science politique, S. 343–373.

Bulut, Faik (1997): Tarikat Sermayesinin Yükselişi. Istanbul.

Buğra, Ayşe (1994): State and Business in Turkey. Albany.

Buğra, Ayşe (1998): Class, Culture, and State: An Analysis of Interest Representation by Two Turkish Business Associations, in: International Journal of Middle Eastern Studies, Vol. 30, No. 4, S. 521–539.

Buğra Ayse u. Savaşkan, Osman (2014): New Capitalism in Turkey. The Relationship between Politics, Religion and Business. Cheltenham.

Cem, Ismail (1979): Türkiye Üzerine [A propos de la Turquie]. Istanbul.

Cizre-Sakallioglu u. Umit, Cinar, Menderes (2003): Turkey 2002: Kemalism, Islamism, and politics in the light of the February 28 process, in: The South Atlantic Quarterly, Vol. 102, no 2, S. 309–332.

Dağı, Hasan (2004): Rethinking Human Rights, Democracy and the West: Post-Islamist Intellectuals in Turkey, in: Critical Middle Eastern Studies, Vol. 13, No. 2, S. 135–151.

Esen, Berk u. Gumuscu, Sebnem (2016): Rising competitive authoritarianism in Turkey," in: Third World Quarterly, S. 1–26.

---

65 See Acikel, Fethi, «Mevlana and Makyavel: AKP modelinin ve Islami Makyavelizmin krizi», in: *Birikim,* No. 325, May 2016, p. 22.

Farro, Antimo L (2000): Les mouvements sociaux : diversité, action collective et globalisation. Montréal.

Freeman, Jo (1979): Resource Mobilization and Strategy: A Model for Analyzing Social Movement Organization Actions», in: Zald, Mayer N./ McCarthy, John D., The Dynamics of Social Movements Resource Mobilization, Social Control and Tactics, Massachusetts, S. 167–189.

Gulalp, Haldun (1999): Political Islam in Turkey: the rise and fall of the Refah Party, in: The Muslim World, Vol. 89, No. 1, S. 22–41.

Haenni, Patrick (2005): L'islam de marché. Paris.

Heper, Metin (1991): Strong State and Economic Interest Groups: The Post-1980 Turkish Experience. Berlin.

Insel, Ahmet (2003): AKP and Normalizing Democracy in Turkey, in: South Atlantic Quarterly, Vol. 102, No. 2/3, S. 293–308.

Kepel, Gilles (2000): Jihad: expansion et déclin de l'islamisme. Paris.

Keyman, Fuat u. Koyuncu, Berrin (2004): AKP, MÜSİAD, Ekonomik Kalkınma ve Modernite, in: Düşünen Siyaset, Vol. 19, S. 105–128.

Mandaville, Peter (2001): Transnational Muslim Politics. London u. New York.

Moore, Clement Henry (1990): Islamic Banks and Competitive Politics in the Arab World and in Turkey, Middle East Journal, Vol. 44, No. 2, S. 234–255.

Müsiad, Homo Islamicus (1994): Iş Dünyasında Islam Insanı [Homo Islamicus: Muslim man in the business world.

Müsiad (1996): Prime Minister Necmettin Erbakan's Visit to East Asia and MÜSİAD's Visit to Bosnia-Herzegovina, No. 18.

Müsiad, Iktisat, Tarih, Zihniyet Dünyamız (2006): Our World of Economy, History and Mentality. Istanbul.

Narlı, Nilüfer (1999): The rise of Islamist movement in Turkey, in: Middle East Review of International Affairs, Vol. 3, No. 3.

Olivier, Roy (2002): L'islam mondialisé. Paris.

Öniş, Ziya (2001): Political Islam at the Crossroads: From Hegemony to Coexistence, in: Contemporary Politics, Vol. 7, No. 4, S. 281–298.

Öniş, Ziya u. Türem, Umut (2001): Business, Globalisation and Democracy: A Comparative Analysis of Turkish Business Associations, in: Turkish Studies, Vol. 2, No. 2, S. 94–120.

Öniş, Ziya (2009): Conservative globalism at the crossroads: The justice and development party and the thorny path to democratic consolidation in Turkey, in: Mediterranean Politics, Vol. 14, No.1, S. 21–40.

Öniş, Ziya u. Türem, Umut (2002): Entrepreneurs, Democracy and Citizenship in Turkey, Comparative Politics, Vol. 34, No. 4, S. 439–456.

Özdemir, Ali M. u. Yücesan-Özdemir, Gamze (2008): Opening Pandora's Box: Social Security Reform in Turkey at the Time of the AKP, in: South-East Europe Review, Vol. 4, S. 469–483.

Özbudun, Ergun (2006): From political Islam to conservative democracy: the case of the Justice and Development Party in Turkey, in: South European society & politics, Vol. 11, no 3–4, S. 543–557.

Özcan, Gül Berna u. Çokgezen, Murat (2003): Limits to alternative forms of capitalization: The case of Anatolian holding companies, World Development, Vol. 31, No. 12, S. 2061–2084.

Rocher, Guy (1968): Multiplication des élites et changement social au Canada français, in: Revue de l'Institut de sociologie, No. 1, S. 79–94.

Rubin, Michael (2005): Green Money, Islamist Politics in Turkey, in: Middle East Quarterly, Vol. 12, No. 1, S. 13–23.

Taniyici, Saban (2003): Transformation of Political Islam in Turkey Islamist Welfare Party's Pro-EU Turn, Party Politics, Vol. 9, No. 4, S. 463–483.

Yankaya, Dilek (2009): The Europeanization of MÜSİAD: Political opportunism, Economic Europeanization, Islamic Euroscepticism, in: European Journal of Turkish Studies, No. 9.

Yankaya, Dilek (2013): La Nouvelle bourgeoisie islamique: le modèle turc. Paris.

Yankaya, Dilek (2014): International Business Forum: une tentative de régionalisation par la bourgeoisie islamique turque en 'Afro-Eurasie', in Anatoli, No. 5, S. 231–254.

Yankaya, Dilek (2015): The Consolidation of the New Islamic Bourgeoisie in Turkey. Elite Formation and Recruitment Patterns under the Justice and Development Party, in: Kadir Ustun et all. (ed.), Politics and Foreign Policy in Turkey, Ankara, S. 45–80.

Yavuz, Hakan (2009): Secularism and Muslim Democracy in Turkey. Cambridge u. New York, S. 52/257.

Yavuz, Hakan (2003): Islamic Political Identity in Turkey. Oxford.

Yeşilada, Birol A. (2002): The Virtue Party, Turkish Studies, Vol. 3, No 1, S. 62–81.

Zdravomsylova, Elena (1996): Opportunities and framing in the transition to democracy: the case of Russia, in: McAdam, Doug, McCarthy John D. et Mayer N. Zald (ed.), Comparative Perspectives on Social Movements, New York, S. 124–126.

Burak Gümüş & Meral Avci

Der türkische Spareinlagensicherungsfonds TMSF[1] – ein politisches Machtinstrument?*

Abstract: The Savings Deposit Insurance Fund of Turkey, which is attached to the Prime Minister's Office, is a governing body that protects depositors from losses caused by corruption and irregularities. It is also designed to preserve financial and economic stability, but it has become highly political during the government of the Justice and Development Party.

Einleitung

Gegenseitiges Vertrauen besitzt sowohl in der Wirtschaftswelt als auch in der Finanzwelt höchste Priorität, denn die sich dadurch ergebende nachhaltige Stabilität sichert den sozialen Frieden eines Landes. Deshalb ist jeder Staat daran interessiert, die notwendigen Instrumente zu etablieren, um das Vertrauen der Akteure zu gewinnen. In der türkischen Finanzgeschichte bilden hierfür die Tasarruf Mevduatı Sigortası (TMS), also die Einlagensicherung, und später der Tasarruf Mevduatı Sigorta Fonu (TMSF), der Einlagensicherungsfonds, Paradebeispiele. Mit der Einführung der Einlagensicherung bzw. dem Einlagensicherungsfonds strebten die Regierungsträger an, die notwendige Stabilität innerhalb des Finanzsystems zu schaffen, auf der die türkische Wirtschaft aufbauen konnte und aus dieser heraus sich die türkische Bourgeoisie entwickeln sollte.

Die folgenden Ausführungen zeigen, dass die türkischen Regierungsträger nach der Einführung der TMS bzw. des TMSF über Jahrzehnte hinweg stetig deren Konzeptionen überarbeiteten, um diese zu optimieren. So sieht die aktuelle Gesetzeslage die Anbindung des TMSF-Gremium-Vorsitzenden an den Staatspräsidenten vor. Im Umkehrschluss bedeutet dies, dass in Abhängigkeit der politischen Situation und der politischen

---

* Dieser Artikel wurde vor dem gescheiterten Putschversuch gegen die amtierende AKP-Regierung und Staatschef Recep Tayyip Erdoğan am 15. Juli 2016 geschrieben und später teilweise aktualisiert.
1 TMSF ist die Abkürzung für Tasarruf Mevduatı Sigorta Fonu.

Ambitionen des Staatspräsidenten der Einlagensicherungsfonds für politische Zwecke instrumentalisiert werden kann. Jüngste Ereignisse in der politischen Entwicklung der Türkei zeigen, dass dies nicht ungewöhnlich wäre. Beispielhaft sind die Sulh Ceza Hakimleri (Friedensstrafrichter) zu nennen, die an die Stelle der Sulh Ceza Mahkemeleri (Friedenstrafgerichte) getreten sind.

Ursprünglich waren diese Gerichte für kleinere Strafdelikte, die mit einer Geldstrafe oder einer Haftstrafe von bis zu zwei Jahren geahndet wurden, zuständig. Bezeichnend ist, dass zeitweise die Sulh Ceza Hakimleri für die strafrechtliche Verfolgung der Anhänger des Gülen-Netzwerks eingesetzt wurden und als Gülen-nah betrachtete Unternehmen unter staatliche Zwangsverwaltung (kayyum) stellten[2]. Das Gülen-Netzwerk wird nach dem gescheiterten Putschversuch vom 15. Juli 2016 in der Türkei als „Fethullahistische Terror-Organisation/ Parallele Staatsstruktur" (Fethullahçı Terör Örgütü/ Paralel Devlet Yapılanması, FETÖ/PDY) bezeichnet.

Im Folgenden soll analysiert werden, ob in der Ära der seit 2002 ununterbrochen regierenden Adalet ve Kalkınma Partisi (AKP: Partei für Gerechtigkeit und Aufschwung) der TMSF von seinem ursprünglichen Zweck der Stabilisierung des Finanzsystems entfremdet und für politische Zwecke instrumentalisiert wurde und wenn ja, was die Konsequenz daraus war.

Um diese Frage zu beantworten, soll zunächst ein historischer Überblick über die Entwicklung des türkischen Finanzsystems gegeben werden. In diesem Kontext wird beleuchtet, welche Zusammenhänge zwischen Entwicklung des türkischen Finanzsystems und der Entstehung der türkischen Bourgeoisie bestehen. Hier soll besonders der TMSF und sein Zweck herausgearbeitet werden. Im Anschluss wird auf die aktuelle Gesetzesgrundlage und auf die Gesetzeslücken des TMSF eingegangen, welche eine Instrumentalisierung für fremde Zwecke erlauben. Dabei wird erörtert, welche politischen Konsequenzen die Gesetzeslücken haben. In einem abschließenden Schritt wird diskutiert, ob und inwieweit die AKP diese Lücken für ihre eigenen Zwecke instrumentalisierte.

---

2 Vgl. Gözler, Kemal, Sulh Ceza Hâkimlikleri ve Tabiî Hâkim ilkesi "Sahur Operasyonu" Hakkında Bir Açıklama, in: Güncel Hukuk (Oktober 2014), S. 46–49.

Historischer Überblick: Die Entwicklung des Finanzsystems der Republik Türkei

Für die Republikgründer waren die Anfangsjahre der Republik Türkei mit großen Herausforderungen verbunden. Unter anderem fehlten grundlegende Wirtschaftsinstitutionen sowie wirtschaftsfördernde Infrastrukturen, weswegen der Aufbau des Staates erschwert wurde und sich zeitlich verzögerte. Die Gründer der Republik Türkei hatten in diesem Bereich kein „osmanisches Erbe" angetreten, da die Grundpfeiler des Osmanischen Reiches das Militär und die Bürokratie gewesen waren, die unter anderem mit der Aufgabe betraut waren, die Finanzierung der Ausgaben des osmanischen Hofes sicherzustellen. Infolge dessen implementierten diese ein effektives und effizientes Steuersystem, das auf den Strukturen des osmanischen Vielvölkerstaates aufbaute. Die Untertanen des Osmanischen Reiches entrichteten in Abhängigkeit ihrer Konfession Steuern.[3] Daher legte der osmanische Staat viel Wert auf die Glaubensvermittlung. Die säkulare Bildung der osmanischen Gesellschaft blieb defizitär, weshalb eine industrielle Revolution, ähnlich zu der europäischen, im Osmanischen Reich nicht stattfand und sich somit auch keine osmanische Bourgeoisie entwickelte. Dieser Sachverhalt stellt einen wesentlichen Unterschied zwischen der soziopolitischen Entwicklung im Orient und im Okzident dar.

Die fehlende türkische Bourgeoisie erschwerte es den Republikgründern, den wirtschaftlichen Durchbruch für die Türkei zu erreichen. Da diese aber für die Entwicklung des Landes europäische Maßstäbe angesetzt hatten, sollten innerhalb kürzester Zeit mithilfe staatlicher Unterstützungen die Versäumnisse der osmanischen Phase aufgeholt werden, zumal ihnen die kohärenten Beziehungen zwischen verschiedenen gesellschaftlichen Funktionsbereichen und die sich daraus ergebenden stabilisierenden Effekte geläufig waren.

Anders formuliert: Die politische Stabilität des Landes hing insbesondere von der Stabilität der wirtschaftlichen Ebene ab, weswegen die Republikgründer in den 1920er Jahren, bekräftigt durch den Beschluss des Wirtschaftskongresses von Izmir 1923, eine liberale Haltung einnahmen.[4] Um

---

3 Vgl. İnalcık, Halil, Osmanlı İmparatorluğu. Toplum ve Ekonomi, Istanbul 1993, S. 31–65.

4 Vgl. Ateş, Toktamış/ Soyak, Alkan, Cumhuriyet Dönemi İktisadi Yapı ve Finans Sistemi, in: Osmanlı'dan Günümüze Türk Finans Tarihi (Bd. 2), Istanbul 1999, S. 5–208, hier S. 71.

potentiellen einheimischen Investoren einen Anreiz zu schaffen, sollte der Staat lediglich die notwendigen Rahmenbedingungen sicherstellen. Die türkische Wirtschaft sollte aus eigener Dynamik heraus eine Bourgeoisie entwickeln, die diese stabilisieren sollte.

Für den türkischen Staat bedeutete dieser Sachverhalt insbesondere die Notwendigkeit der Schaffung eines national ausgerichteten, effektiven und stabilen Bankensystems, welches die notwendigen Finanzierungsmöglichkeiten anbot.[5] Denn das türkische Bankenwesen befand sich – von einzelnen Ausnahmen, wie die *Ziraat Bankası*, die den landwirtschaftlichen Sektor finanzierte und/oder kleineren regional ausgerichteten Banken abgesehen – größtenteils in ausländischer Hand.[6] Aus den Erfahrungen aus der osmanischen Phase resultierend, wussten die türkischen Staatsgründer, dass die ausländischen Banken vornehmlich die Investitionstätigkeiten ihrer Herkunftsländer unterstützten. Überdies restringierten sie aufgrund der Volatilität der türkischen Lira das Kreditvolumen und die Bedingungen der Kreditvergabe, wodurch Investitionsvorhaben im Land eingeschränkt wurden.[7]

Infolgedessen ergriff der Staat in den 1920er und 1930er Jahren die Initiative und gründete Banken für die Finanzierung des Aufbaus verschiedener Wirtschaftsbereiche. Die bis heute bekannteste unter diesen Banken ist die halbstaatliche *Türkiye İş Bankası*, welche der Staatsgründer Mustafa Kemal Atatürk gemeinsam mit Abgeordneten der regierenden Staatspartei CHP, Bürokraten und Kaufleuten im Jahr 1924 als Aktiengesellschaft institutionalisierte.[8] Mit Unterstützung dieser Bank sollten die Handelsbestrebungen von Kaufleuten gefördert werden. Dagegen ziele das Geschäftsfeld der kurze Zeit später, im April 1925, gegründeten *Sanayi ve Maadin Bankası* auf die Förderung von Investitionsvorhaben im industriellen Bereich.[9] Eine weitere

---

5   Vgl. İlkin, Selim, Türkiye´de Merkez Bankası Fikrinin Gelişimi, in: Türkiye İktisat Tarihi Semineri (Metinler/Tartışmalar: 8–10 Haziran 1973), hg. v. Osman Okyar, Ankara 1975, S. 537–582, hier S. 544 f.
6   Vgl. Yüzgün, Arslan, Cumhuriyet Dönemi Türk Banka Sistemi (1923–1981), Istanbul 1982, S. 15 f.
7   Vgl. Ateş/ Soyak, Cumhuriyet Dönemi İktisadi Yapı ve Finans Sistemi, S. 83.
8   Vgl. Tezel, Yahya S., Cumhuriyet Döneminin İktisadi Tarihi, 5. Aufl., Istanbul 2002, S. 230 f.
9   Vgl. Ateş/ Soyak, Cumhuriyet Dönemi İktisadi Yapi ve Finans Sistemi, S. 74.

wichtige Bank war die im Jahre 1926 gegründete *Emlak ve Eytam Bankası*, die spätere *Türkiye Emlak ve Kredi Bankası*, die sich sektorell auf die Bauwirtschaft beschränkte.

Trotz dieser erfolgreichen Projektumsetzungen blieb das übergeordnete Problem der türkischen Finanzwirtschaft allerdings weiterhin bestehen: Der Finanzwirtschaft mangelte es an einer Zentralbank, die den Wert der türkischen Lira stabilisieren konnte – was gerade im Hinblick auf den Außenhandel sehr wichtig war – und die Geschäftsbanken sowie den Staat refinanzierte. Besonders bemerkbar machte sich dieser Mangel in der Folge der Weltwirtschaftskrise des Jahres 1929.[10] Dabei hatten sich die Republikgründer schon seit 1927 mit diesem Problem beschäftigt und die Gründung einer türkischen Zentralbank zu einem zentralen politischen Ziel erklärt.[11]

So hatten die Republikgründer im selben Jahr Gespräche mit US-amerikanischen und niederländischen Bankenkreisen aufgenommen, infolge derer der Präsident der niederländischen Zentralbank Gerard Vissering im Jahr 1928 für Studien vor Ort die Türkei besuchte und darauf basierend ein Konzept erarbeitete.[12] Aufgrund von Interessenkonflikten innerhalb der türkischen Regierung wurde Visserings Konzept jedoch abgelehnt, weshalb die türkischen Republikgründer Kontakt mit dem deutschen Reichsbankpräsidenten Hjalmar Schacht aufnahmen, welcher allerdings aufgrund anderweitiger Verpflichtung die Konsultation des Türkeikenners Karl Müller empfahl.[13]

Aus Unzufriedenheit mit Müllers Arbeitsergebnissen nahm die türkische Regierung schließlich Verbindungen zum international renommierten und angesehenen Finanzexperten Kont Volpi auf, mit dessen Unterstützung schlussendlich die notwendige Gesetzesvorlage für die Einrichtung der gewünschten Zentralbank ausgearbeitet wurde. Diese Gesetzesvorlage wurde im Juni 1930 von der türkischen Nationalversammlung verabschiedet.[14] So wurde im Oktober 1931 die türkische Zentralbank gegründet, die ihre praktische Arbeit jedoch erst im Januar 1932 aufnahm.

---

10 Vgl. ebd., S. 141.
11 Vgl. İlkin, Türkiye′de Merkez Bankası Fikrinin Gelişimi, S. 551.
12 Vgl. Tezel, Cumhuriyet Döneminin İktisadi Tarihi (1923–1950), S. 233.
13 Vgl. İlkin, Türkiye′de Merkez Bankası Fikrinin Gelişimi, S. 566.
14 Vgl. Ateş/ Soyak, Cumhuriyet Dönemi İktisadi Yapı ve Finans Sistemi, S. 142.

Die in den Folgejahren bzw. Jahrzehnten auftretenden gesetzlichen Entwicklungen zeigen, dass die türkische Zentralbank zum Zeitpunkt ihrer Gründung konzeptionell noch unausgereift war und daher einem ständigen dynamischen Optimierungsprozess unterlag. Etwa ein Jahr nach der Gründung der Zentralbank sah beispielsweise die Einlagensicherungsgesetzesnummer 2243 verbindlich vor, dass jede Bank eine Einlagensicherung bei der Zentralbank haben müsse. Der genaue Haftungsumfang blieb allerdings unspezifisch.[15] Als Folge dessen ebbten die Diskussionen zwischen den beteiligten bzw. betroffenen Akteuren in der türkischen Finanzwirtschaft nicht ab, denn es gestaltete sich als fraglich, inwieweit den Anlegern mit dieser gesetzlichen Verpflichtung Sicherheit geboten werden konnte, was eine notwendige Voraussetzung für ein stabiles Wirtschaftssystem war. Deshalb verpflichtete die türkische Regierung im Jahr 1936 mit der Bankengesetzesnummer 2999 die Banken zu einer 40-prozentigen Haftungsgrenze. Ungefähr 22 Jahre später wurde die Haftungsgrenze mit der Gesetzesnummer 7129 auf 50 Prozent angehoben.[16]

Seit den 1980er Jahren fand ein Umdenken des Gesetzgebers statt. So wurde die Einlagensicherung systematisiert und später institutionalisiert. Im Juli 1983 wurde der Spareinlagensicherungsfond *Tasarruf Mevduatı Sigorta Fonu* (TMSF) entwickelt und dessen Verwaltung und Vertretung bei der türkischen Zentralbank verankert.[17] In den 1990er Jahren weitete der Gesetzgeber das Aufgabengebiet des Fonds aus. Somit sicherte dieser nun nicht mehr nur die Einlagen der Anleger, sondern stärkte und restrukturierte die Finanzkraft sämtlicher türkischer Banken. Seit Ende der 1990er Jahre bzw. zu Beginn der 2000er Jahre wurde die institutionelle Anbindung des

---

15 Vgl. Ayhan, Rıza, Tasarruf Mevduatı Sigortası ve Tasarruf Mevduatı Sigorta Fonu'nun Hukuki Niteliği, Gazi Üniversitesi Hukuk Fakültesi Dergisi, Vol. 1 (Nr. 2), 1997, S. 33–43, online abrufbar: http://webftp.gazi.edu.tr/hukuk/dergi/1_2_3.pdf, zuletzt abgerufen am 30.4.2016.
16 Vgl. o.V., Tasarruf Mevduati Sigorta Fonu, online abrufbar: https://www.google.de/search?q=Tasarruf+Mevduat%C4%B1+Sigorta+Fonu&ie=utf-8&oe=utf-8&gws_rd=cr&ei=sSIlV-e1EIeR6ATila_QDA, zuletzt abgerufen am 30.4.2016.
17 Vgl. Saraç, Tahir, Tasarruf Mevduati Sigorta Fonu Tarafindan El Konulan Sirketlerde Tek Kisi ile Yapilan Genel Kurul Toplantilarinin Gecerliligi Sorunu, in: Ankara Üniversitesi Hukuk Fakültesi Dergisi, Vol. 2 (Nr. 2), 2008, S. 165–192, hier S. 169.

TMSF an die Zentralbank aufgehoben: Zunächst wurde ein Gremium eingerichtet, dass die Verwaltung und Vertretung des Fonds übernahm, die seit Dezember 2003 beim Präsidenten des Gremiums liegt (Bankengesetzesnummer 5411).[18]

Zwischenfazit

Die historische Übersicht zeigt, dass die türkischen Regierungsträger aufgrund der komplementären Beziehung zwischen der Finanz- und Wirtschaftswelt von Anfang an großen Wert darauf legten, ein stabiles und funktionierendes Finanzsystem aufzubauen, das die sich entwickelnde türkische Wirtschaft ergänzte und unterstützte. Aus diesem komplementären institutionellen Gebilde sollte sich die türkische Bourgeoisie herausbilden, die als Eckpfeiler der jungen Republik angesehen wurde und diese stabilisieren sollte. Um ein effektives Finanzsystem zu gründen, war es besonders wichtig, das Vertrauen der Anleger zu gewinnen, worüber sich die Republikgründer bewusst waren.

Denn erst dieses gewährleistete, dass die Wirtschaft nachhaltig wachsen konnte, was wiederum die sozio-ökonomische Situation der türkischen Gesellschaft beeinflusste und damit auch eine kohärente Beziehung zwischen der sozialen und politischen Stabilität des Landes sicherstellte. Ein Mittel hierfür war die Einlagensicherung, an deren Optimierung bis Anfang der 2000er Jahre gearbeitet wurde. So verfügt der Einlagensicherungsfonds aktuell über ein eigenes Gremium, an dessen Spitze der Präsident steht, welcher ausschließlich für die Aufrechterhaltung eines funktionierenden Finanzsystems verantwortlich ist.

Funktionsweise des TMSF

Laut Artikel 111 des Bankengesetzes Nr. 5411 ist der TMSF bei der Ausführung seiner Aufgaben unabhängig. Seine Entscheidungen dürfen weder überwacht noch einer Prüfung unterzogen werden, ob sie „angemessen" sind. Hinzu kommt, dass weder Organe noch Behörden bzw. Personen offiziell Aufträge oder Weisungen an den TMSF erteilen dürfen, um seine Beschlüsse zu beeinflussen. Institutionell ist der TMSF demnach unabhängig. Tatsache ist aber ebenso, dass alle Mitglieder des unter Ausschluss der

---

18 Vgl. ebd.

Öffentlichkeit tagenden Gremiums und damit auch der Vorsitzende vom
Ministerrat auf sechs Jahre ernannt werden. Überdies ist der TMSF formell
dem Amt des türkischen Premierministers unterstellt (§ 113 BankG). Er-
mittlungen wegen Straftaten gegen Fondsmitglieder können nur mit Zustimmung des zuständigen Ministers[19] eingeleitet werden (§ 127), womit
eine rechtliche Ahndung beim Amtsmissbrauch im Ermessen des Ministers
liegt und den Mitgliedern in gewisser Weise Immunität zusichert. Infolge
dessen birgt diese gesetzliche Regelung die Gefahr, dass der TMSF durch
eine gezielte Auswahl seiner Mitglieder politisiert wird.

Nach Artikel 111 der Gesetzesnummer 5411 hat das Gremium folgende
Aufgaben:

"To insure deposits and participation funds in order to protect the rights and
interests of depositors within the framework of the powers given by this Law and
other applicable legislation,

To manage the Fund banks, strengthen and restructure their financial standing,
transfer, merge, sell or liquidate such banks,

To execute and conclude the follow-up and collection transactions of the Fund
receivables,

To manage the Fund's assets and resources,

To perform other duties assigned by the Law No. 5411."[20]

Um diese gesetzlichen Aufgaben erfüllen zu können, steht dem TMSF im
Falle von Schulden und Korruptionsfällen das Recht zu, Vermögenswerte
und Unternehmen, wie z. B. Banken, zu beschlagnahmen, zu verwalten und
weiterzuverkaufen. Der TMSF kann für eine Bank aber auch lediglich ein
Betätigungsverbot aussprechen. In diesem Fall übernimmt dieser deren Verwaltung und Kontrolle (§ 106 BankG). Im Extremfall kann der TMSF
rechtlich sogar soweit gehen, die Unternehmen dieser Bank bzw. die Unternehmen von deren Kapitaleigner zu beschlagnahmen.[21]

---

19 Das Gesetz konkretisiert den dafür zuständigen Minister nicht.
20 International Association of Deposit Insurers (IADI), Member Profile, Savings
    Deposit Insurance Fund of Turkey, a founding member of the IADI, 2010, hier
    S. 2, online abrufbar: http://www.iadi.org/profiles/SDIF%20Profile%20for%20
    IADI.pdf, zuletzt abgerufen am 21.9.2015.
21 Vgl. Saraç, Tasarruf Mevduati Sigorta Fonu Tarafindan El Konulan Sirketlerde
    Tek Kisi ile Yapilan Genel Kurul Toplantilarinin Gecerliligi Sorunu, S. 174.

Der Rechtsweg für Betroffene ist erst ab einem Streitwert von über 500.000 Lira möglich. Entsprechende Fälle werden vom *Danıştay* (Staatsrat) betreut, dessen Mitglieder zu einem Viertel vom Staatspräsidenten und zu drei Vierteln vom *Hakimler ve Savcılar Yüksek Kurulu* (HSYK: Hoher Rat für Richter und Staatsanwälte)[22] ernannt werden. Eine Objektivität des Staatsrates kann somit nicht unbedingt gewährleistet werden.

Das TMSF – ein Mittel zur politischen Machtdurchsetzung und wirtschaftlichen Enteignung von Rivalen?

Zusammenfassend kann festgehalten werden, dass die als Folge institutioneller und personeller Verflechtungen dargelegten konzeptionellen Lücken die Gefahr in sich bergen, dass der TMSF im politischem Bedarfsfall von seinem ursprünglichen Zweck entfremdet werden kann, so dass dieser zu einem Instrument zur Durchsetzung politischer Interessen respektive zur wirtschaftlichen Enteignung von Rivalen umfunktioniert werden kann. Bestimmte Entwicklungen in der AKP-Ära deuten darauf hin, dass die amtierende Regierung den TMSF für ihre eigenen Ziele instrumentalisierte, wodurch das türkische Kapital zugunsten der regierungsnahen Kreise umstrukturiert wurde und die türkische Bourgeoisie unter den Schlagwörtern „*Yeşil Sermaye*" („Grünes Kapital") bzw. „*İslamî Sermaye*" („Islamisches Kapital") ein neues Gesicht bekam.

Der TMSF in der AKP-Ära

Die Befugnisse und die fehlende Kontrolle des TMSF sowie der Fakt, dass der TMSF dem Premierminister unterstellt ist, ermöglichen seine Politisierung bzw. seinen Missbrauch für politische Zwecke. Unternehmen regierungsferner oder oppositioneller Kreise können vorsätzlich durch den TMSF beschlagnahmt und im Extremfall durch staatliche Enteignung an regierungsnahe Kreise veräußert werden.

---

22 Vgl. Gümüş, Burak, Der türkische Hohe Rat für Richter und Staatsanwälte HSYK als politisches Instrument, in: Die Türkei im Spannungsfeld von Kollektivismus und Diversität. Junge Perspektiven der Türkeiforschung in Deutschland, hg. v. Burcu Doğramacı et al., Wiesbaden 2016, S. 79.

„Als die AKP 2002 an die Macht kam, sah die türkische Medienlandschaft anders aus als heute. Unabhängig waren die größten Medienhäuser der Branche schon damals nicht. Sie gehörten vier Privatunternehmen, die ihr Geld unter anderem im Energie- und Bausektor verdienten: Doğan, Çukurova, Uzan und Doğuş. Ist der Staat nicht einverstanden mit der Berichterstattung, schützt er finanzielle Motive vor und greift unter Zuhilfenahme von Aufsichtsbehörden in die Unternehmen ein. Anschließend werde die Firmen bei Ausschreibungen an AKP-nahe Geschäftsleute verkauft."[23]

In diesem Zusammenhang können als Paradebeispiele die säkularen Medienkonzerne[24] der Uzan-, Ciner- und Çukurova-Gruppen, aber auch die Unternehmen des Oberbürgermeisterkandidaten der CHP für Istanbul in 2014 Mustafa Sarıgül sowie die dem islamistischen Gülen-Netzwerk nahestehende Bank *Asya* herangezogen werden. In allen Fällen ist der gemeinsame Nenner, dass die Akteure in Opposition zur AKP-Regierung standen. Die folgenden Ausführungen zeigen, wie ihr Vermögen arbiträr beschlagnahmt und an der AKP nahestehende Unternehmen verkauft wurde.

Die Intervention des TMSF gegen Cem Uzan

In 2004 beschlagnahmte der TMSF das Vermögen der Uzan-Gruppe, also des oppositionellen Großindustriellen, Bank-Unternehmers und Politikers Cem Uzan, dem neben der İmar Bankası unter anderem die Sender Star TV, Kral TV und die damals oppositionelle Zeitung Star gehörten. Uzan benutzte diese als Sprachrohr für seine gegen die AKP-Regierung agierende nationalistisch-populistische *Genç Parti* (Jugend-Partei).

Nachdem diese Partei bei den Parlamentswahlen im Jahr 2002 einen Achtungserfolg von 7 Prozent erzielte und somit die Zehn-Prozent-Hürde nur knapp verfehlte, galt die *Genç Parti* fortan als eine ernstzunehmende

---

23 Vgl. Ceylan, Eren, Das Medienimperium der AKP, in: Die Tageszeitung (3.5.2016), online abrufbar: http://www.taz.de/Pressefreiheit-in-der-Tuerkei/!5299193/, zuletzt abgerufen am 12.5.2016.

24 Özlem Becerik Yoldaş und Yunus Yoldaş gehen in ihrer Arbeit neben der Zensur von Internetseiten auch kurz auf den Hohen Rundfunk- und Fernsehrat ein. (Vgl. Yoldaş, Özlem B./ Yoldaş, Yunus, Entstehung der Zensur und ihre Praxis in der Türkei, ESBA, Vol. 7 (Nr. 1), 2016, S. 38–54, hier S. 48–50, online abrufbar: http://www.esbadergisi.com/images/sayi12/entstehung_der_zensur_yunus_yoldas.pdf, zuletzt abgerufen am 21.5.2016.

Oppositionspartei[25] für die AKP-Regierung bei den nächsten Wahlen, zumal Uzan seine TV-Sender und Zeitungen zur politischen Vermarktung seiner eigenen Person benutzte. Uzan hatte jedoch eine Schwäche, die von der AKP und damit vom TMSF ausgenutzt werden konnte. Dieser besaß die Mobilfunknetzbetreiberfirma Telsim, die ihre Schulden an die Firmen Nokia und Motorola nicht zurückgezahlt hatte. So wurden diese durch den TMSF zu Schulden der Uzan-Firma umdefiniert, woraufhin der TMSF das Vermögen und Unternehmen der Uzans im März 2003 beschlagnahmen ließ.

Die regierungskritische Zeitung Star wurde zuerst an den türkisch-zypriotischen Geschäftsmann Ali Özmen Safa[26] verkauft, bis diese schließlich von dem regierungsnahen Unternehmer Ethem Sancak, der sich als Anteilseigner bereits bei Safa eingekauft hatte, komplett übernommen wurde.[27] In der Folgezeit traten ständige Wechsel der Eigentümer auf. Besonders bemerkbar machten sich in dieser Phase die der AKP nahestehenden Familien Sancak und Tamince. 2009 verkaufte Ethem Sancak zunächst seine Anteile an der Zeitung Star je zur Hälfte an den AKP-nahen Hotelier Fettah Tamince und an den studierten Theologen sowie ehemaligen AKP-Abgeordneten Tevhit Karakaya. Karakaya übertrug wiederum 2013 seinen Anteil an der Zeitung an die aserbeidschanische Erdölfirma SOCAR, während Sancak im Jahr 2014 seinen Anteil von Tamince zurückkaufte, sodass zwischenzeitlich SOCAR und Sancak zusammen Kapitaleigner waren, bis

25 Vgl. Yaylagül, Levent/ Dağtaş, Erdal, Medya Patronluğundan Başbakanlığa Yükselme İstekleri: Cem Uzan ve Genç Parti Örnek Olayı, CIM-Symposium, Istanbul, S. 481–493, hier S. 491, online abrufbar: http://cim.anadolu.edu.tr/pdf/2004/1130848304.pdf, zuletzt abgerufen am 15.5.2016.

26 Vgl. o.V., Star newspaper sold to KKTC business man, in: Hürriyet Daily News (26.1.2006), online abrufbar: http://www.hurriyetdailynews.com/star-newspaper-sold-to-kktc-businessman.aspx?pageID=438&n=star-newspaper-sold-to-kktc-businessman-2006-01-26, zuletzt abgerufen am 12.5.2016.

27 Vgl. o.V., Ethem Sancak, Star'ın tek patronu oluyor, in: Vatan (9.5.2008), online abrufbar: http://www.gazetevatan.com/ethem-sancak--star-in-tek-patronu-oluyor-177479-ekonomi/, zuletzt abgerufen am 12.5.2016; o.V., Bir devrin sonu, in: Sabah (15.2.2004), online abrufbar: http://arsiv.sabah.com.tr/2004/02/15/eko101.html, zuletzt abgerufen am 15.1.2015; Çalışkan, Kerem, Erdoğan 10 yılda Medyayı nasıl teslim aldı?, in: Bağımsız (28.6.2013), 1/23, S. 8–17, hier S. 9–10.

Tamince seinen Anteil von SOCAR zurückerwarb. Im Herbst 2014 übertrug Tamince seinen Anteil an Ethem Sancaks Neffen Murat Sancak.[28]

Während dieser unübersichtlichen Phase der An-, Rück- und Weiterverkäufe blieb die regierungsnahe Linie der Star-Zeitung bestehen. Sogar Yalçın Akdoğan – Erdoğans Berater, Vertrauensmann und innenpolitischer Ideologe sowie späterer stellvertretender Premierminister – war zeitweilig Star-Kolumnist sowie Autor der wissenschaftlichen Sonntagsbeilage der *Star Açık Görüş*.[29]

Der Fernsehsender Star TV wurde an die *Doğan* Holding übertragen, deren „Inhaber damals in Erdoğans Gunst stand."[30] Die dem Unternehmer *Aydın Doğan* damals nahestehenden Medien hatten zuvor das Vorgehen des TMSF gedeckt.[31]

Das Vorgehen des TMSF gegen Turgay Ciner

Turgay Ciner gehörten unter anderem der Sender ATV und die Zeitung *Sabah*, die kurz vor den im Jahr 2007 stattfindenden Parlamentswahlen durch den TMSF beschlagnahmt wurden. Nach der Tageszeitung *Hürriyet* stellte *Sabah* das größte säkular ausgerichtete Printmedium in der Türkei dar. Der TV-Sender ATV zählte neben Star TV, Kanal D und Show TV zu den „weltlichen" TV-Sendern. Sein Fernsehprogramm strahlte im Vergleich zu anderen Fernsehkanälen weniger religiös ausgerichtete Sendungen aus. Eine Enteignung war somit nicht nur profitabel, sondern eröffnete zudem der AKP-Regierung die Möglichkeit, ihre Sichtweise auch potentiellen Nichtwählern näher zu bringen und oppositionelle Sender zu einer gemäßigten Berichterstattung zu bewegen.

Den rechtlichen Vorwand lieferten öffentlich bekannt gewordene Geheimdokumente über die Partnerschaft des verschuldeten Unternehmers

---

28 Vgl. o.V., Star'da ortaklı yine değişti, Hürriyet, in: Hürriyet (3.10.2014), online abrufbar: http://www.hurriyet.com.tr/starda-ortaklik-yine-degisti-27316114, zuletzt abgerufen am 14.5.2016.

29 Vgl. Gümüş, Burak, Der türkische Star Açık Görüş. Ein offenes Forum für den medialen Diskurs oder Parteiorgan der AKP?, Hamburg 2013, S. 10.

30 Vgl. Ceylan, Das Medienimperium der AKP.

31 Vgl. Yaylagül/ Dağtaş, Medya Patronluğundan Başbakanlığa Yükselme İstekleri: Cem Uzan ve Genç Parti Örnek Olayı, S. 492.

Dinç Bilgin mit Turgay Ciner an der Etibank. Nach Auffassung des TMSF musste Ciner die Bezahlung der Schulden von Bilgin übernehmen, sodass als Folge dieser Partnerschaft Ciners Unternehmen *Sabah* und ATV beschlagnahmt wurden. Bilgin soll diese Geheimdokumente vermeintlich eigenhändig an den TMSF übergeben haben.[32]

Im Jahr 2008 wurden *Sabah* und ATV durch den TMSF an die *Turkuvaz*-Gruppe mit günstigen Staatskrediten der regierungsnahen *Çalık*-Holding[33] weiterverkauft, deren Geschäftsführer Berat Albayrak Schwiegersohn des türkischen Staatspräsidenten Recep Tayyip Erdoğans bis Ende 2015 war. Im November 2015 übernahm dieser das Amt des Energieministers in der AKP-Regierung unter dem damaligen Premierminister Ahmet Davutoğlu.

Die *Turkuvaz*-Mediengruppe wurde im Jahr 2013 samt *Sabah*, *Takvim* und ATV an die regierungsnahe *Kalyon*-Gruppe weiterverkauft.[34] Die *Kalyon-Gruppe* erhielt den Zuschlag für die staatliche Ausschreibung zur Umwandlung des Taksim-Platzes in eine Fußgängerzone, welche die landesweiten Gezi-Proteste auslöste und ist zudem am Bau des dritten Istanbuler Flughafens beteiligt.[35]

Das TMSF-Vorgehen gegen Mehmet Emin Karamehmet

Als weiteres Beispiel sei auf die im Mai 2013 durch den TMSF erfolgte Beschlagnahmung der Unternehmen des Konzerns *Çukurova* von Mehmet Emin Karamehmet, dem neben einigen Banken und Mobilfunknetzen auch der Sender *Sky Türk 360* sowie die Tageszeitungen *Güneş* und *Akşam* angehörten, verwiesen. Diese wurden ebenso wie seinerzeit *Star* an das regierungsnahe Unternehmen *ES Medya* von Ethem Sancak weiterverkauft,

---

32 Vgl. o.V., TMSF atv ve Sabah'a el koydu, in: Hürriyet (3.4.2007), online abrufbar: http://www.hurriyet.com.tr/tmsf-atv-ve-sabaha-el-koydu-6248828?_sgm_campaign=scn_a0048500058058000&_sgm_source=6248828&_sgm_action=click, zuletzt abgerufen am 14.5.2016.

33 Vgl. Joppien, Charlotte, Die türkische Adalet ve Kalkınma Partisi (AKP). Eine Untersuchung des Programms »Muhafazakar Demokrasi«, Berlin 2011, S. 134 f.

34 Vgl. o.V., Çalık, Sabah ve atv'yi Kalyon Grubu'na sattı, in: Milliyet (21.12. 2013), online abrufbar: http://www.milliyet.com.tr/calik-sabah-ve-atv-yi-kalyon/ekonomi/detay/1810508/default.htm, zuletzt abgerufen am 12.5.2016.

35 Vgl. Ceylan, Das Medienimperium der AKP.

deren Geschäftsführer der ehemalige AKP-Abgeordnete Mehmet Ocaktan ist.[36]

Der TMSF setzte im Vorfeld der Parlamentswahlen im Juni 2015 Ümit Önal als Zwangsverwalter für den beschlagnahmten TV-Sender Show TV ein, der gleichzeitig als Werbeabteilungsleiter der regierungsnahen *Turkuvaz*-Gruppe der *Kalyon*-Gruppe agierte.[37] Der Sender wurde an den zuvor enteigneten und dadurch „geläuterten" Unternehmer Turgay Ciner (*Merkez* Gruppe) weiterverkauft[38], der, anders als noch im Jahr 2007, es Erdoğan inzwischen ermöglichte, sich fernmündlich in die laufende Programmgestaltung einzumischen und missliebige Programminhalte zensieren zu lassen[39].

Da der TMSF gesetzlich auch entscheiden kann, mit welcher Priorität die Schulden eines Unternehmens getilgt werden, beschloss dieser, dass die Verkaufserlöse der beschlagnahmten *Karamehmet*-Unternehmen erstrangig für die Schuldentilgung Dritter eingesetzt werden sollten und eigene Forderungen zweitrangig bedient werden sollten. Damit bewirkte der TMSF, dass seine Entscheidungsbefugnisse über die *Karamehmet*-Unternehmen erhalten blieben.

Dies bedeutete konkreten Folgendes: Obwohl die Unternehmen der *Çukurova*-Gruppe vom TMSF für insgesamt 814 Millionen US-Dollar

---

36 Vgl. o.V., TMSF Çukurova Grubu'na el koydu, Turkcell ne dedi?, in: Eko Ayrıntı (20.5.2013), online abrufbar: http://www.ekoayrinti.com/news_detail. php?id=121271, zuletzt abgerufen am 21.05.2013; o.V., Telekomcular Derneği, Karamehmetin Büyük Çöküşü, in: Telekomcular Derneği (31.10.2013), online abrufbar: http://www.telekomculardernegi.org.tr/haber-5077-karamehmet-acute-in-buyuk-cokusu.html, zuletzt abgerufen am 31.10.2013; Çalışkan, Erdoğan 10 yılda Medyayı nasıl teslim aldı?, S. 15.

37 Dieser Umstand erregte die Aufmerksamkeit des damaligen CHP-Abgeordneten Umut Orhan, der eine Anfrage an die AKP-Regierung richtete, o.V., Show TV'nin başsına neden "Havuz" yöneticisi atandı? (21.1.2015), online abrufbar: http://www.umutoran.com/2015/01/21/show-tvnin-basina-neden-havuz-yoneticisi-atandi/, zuletzt abgerufen am 12.5.2016.

38 Vgl. o.V., Show TV ile ilgili yeni gelişme. Mahkeme kararını verdi, in: Milliyet (5.6.2015), online abrufbar: http://www.milliyet.com.tr/show-tv-ile-ilgili-yeni-gelisme-/ekonomi/detay/2069870/default.htm, zuletzt abgerufen am 12.5.2016.

39 Vgl. Seibert, Thomas, Erdoğan gibt Einflussnahme auf Medien zu, in: Tagesspiegel (12.2.2004), online abrufbar: http://www.tagesspiegel.de/politik/tuerkei-erdogan-gibt-einflussnahme-auf-medien-zu/9470106.html, zuletzt abgerufen am 12.5.2016.

verkauft wurden, gab der TMSF an, dass ihre Forderungen in Höhe von 455 Millionen US-Dollar nicht getilgt seien. Denn tatsächlich konnten infolge der festgelegten Reihenfolge der Schuldentilgung – zuerst Dritte und anschließend der TMSF – nur 60 Millionen US-Dollar von den Gesamtschulden in Höhe von 455 Millionen US-Dollar beglichen werden. Dabei ging der TMSF beim Verkauf der beschlagnahmten *Uzan*-Firmen genau gegenteilig vor und benutzte diese Verkaufserlöse für die Tilgung der Schulden bei den Fonds.

Darüber hinaus verfügte die Behörde, dass weitere Teile der Verkaufserlöse der *Karamehmet*-Firmen zur Finanzierung der Herausgabe der ebenfalls früher zur *Karamehmet* gehörenden Zeitungen *Akşam* und *Güneş*[40] verwendet werden sollten, womit die Tilgungschance der Schulden der *Karamehmet*-Gruppe beim TMSF weiter gesenkt wurde. *Karamehmet* finanzierte somit die Weiterbenutzung der beschlagnahmten Zeitungen durch den TMSF zwangsweise selbst.

Ähnlich wie bei den bereits vorgestellten Fällen erfolgte der Verkauf der beschlagnahmten Unternehmen durch den TMSF auch hier an regierungsnahe Unternehmen. Beispielsweise wurde die in der Chemie-Branche tätige Firma *Çukurova Kimya Endüstrisi Anonim Şirketi* an das dem ehemaligen AKP-Abgeordneten Mehmet Mustafa Açıkalın gehörende Unternehmen *KMY Kimya*[41] verkauft.

Die TMSF-Intervention gegen Mustafa Sarıgül

Kurz vor den Kommunalwahlen in März 2014 konfiszierte der Sicherungsfonds TMSF das Vermögen des zu jener Zeit als „Angstgegner Erdoğans"[42] geltenden Mustafa Sarıgül von der oppositionellen *Cumhuriyet Halk Partisi* (CHP: Republikanische Volkspartei), welcher für das Amt des Istanbuler

40 Vgl. o.V., Karamehmet'i isyan ettiren hesap, in: Taraf (6.5.2014), online abrufbar: http://arsiv.taraf.com.tr/haber-karamehmeti-isyan-ettiren-hesap-153849/, zuletzt abgrufen am 12.5.2016.

41 Vgl. Erdin, Bora, Karamehmet'in Kimya Şirketi Yandaşa gitti, in: Sözcü (28.1. 2016), online abrufbar: http://www.sozcu.com.tr/2016/ekonomi/karamehmetin-kimya-sirketi-yandasa-gitti-1064391/, zuletzt abgerufen am 12.5.2016

42 Kazim, Hasnaim, Türkei: Erdoğan-Gegner Sarıgül will Bürgermeister von İstanbul werden, in: Der Spiegel (28.3.2014), online abrufbar: http://www.spiegel. de/politik/ausland/tuerkei-erdogan-gegner-sariguel-will-buergermeister-von-istanbul-werden-a-960734.html, zuletzt abgerufen am 4.9.2014.

Oberbürgermeisters kandidierte. Angeblich sollten mit dieser Maßnahme die über ein Jahrzehnt zurückliegenden Kreditschulden eines Unternehmens, an dem dieser als Partner beteiligt war, für eine vom Spareinlagensicherungsfonds beschlagnahmte und verwaltete Bank eingetrieben werden.[43] Es ist bezeichnend, dass die genannten Aktivitäten des TMSF anderthalb Jahrzehnte auf sich warten ließen und gerade im Wahlkampf eingeleitet wurden.

Der TMSF-Eingriff als Mittel zur „Entgülenisierug" des Bankenwesens: Bank Asya

Schließlich wurde der TMSF im Jahr 2015 auch als ein Instrument gegen die islamische Bank *Asya* eingesetzt, die dem islamistischen sowie spätestens seit dem gescheiterten Staatsstreich gegen die AKP und Erdoğan (15. Juli 2016) zumindest in der Türkei als „putschistisch" geltenden *Gülen*-Netzwerk nahestand. Der Ausgangspunkt war das Zerwürfnis zwischen Erdoğan und dessen einstigen Verbündeten, dem in den USA lebenden Prediger Fethullah Gülen[44], welches in der Folge einer Korruptionsaffäre um die AKP-Führungsriege gegen Ende des Jahres 2013 eine Staatskrise auslöste. Dieser Machtkampf mündete schließlich auch in dem Putschversuch vom Sommer 2016.[45]

---

43 Vgl. o.V. , TMSF Sarıgül'ün malvarlığına el koydu, in: SoL Haber (17.1.2014), online abrufbar: http://haber.sol.org.tr/devlet-ve-siyaset/tmsf-sarigulun-tum-malvarligina-el-koydu-haberi-86111, zuletzt abgerufen am 4.9.2014.

44 Der im selbstgewählten US-Exil lebende islamistische Prediger Fethullah Gülen gilt als Anführer der nach ihm benannten religiösen Bruderschaft. Diese hatte die AKP anfänglich bei der Entkemalisierung und Entsäkularisierung der Türkei mit unterstützt, jedoch später nach der gemeinsamen Kaltstellung der Kemalisten und Nationalisten sich mit ihr überworfen. (Vgl. Seufert, Günter, Überdehnt sich die Bewegung von Fethullah Gülen? Eine türkische Religionsgemeinde als nationaler und internationaler Akteur, in: SWP-Studie (Dezember 2013), online abrufbar: https://www.swp-berlin.org/fileadmin/contents/products/studien/2013_S23_srt.pdf, zuletzt abgerufen am 15.5.2016.) Im Juli 2016 waren Gülen-Anhänger beim erfolglosen Putschversuch gegen die amtierende AKP und gegen Erdoğan wesentlich beteiligt.

45 Der gegen die AKP-Regierung und Erdoğan unternommene und gescheiterte Putschversuch vom 15. Juli 2016 wird mit dem Gülen-Netzwerkwerk daher in Verbindung gebracht, da die beim erfolglosen Staatsstreich maßgeblich beteiligten ranghohen Militärs erst nach der graduellen Entkemalisierung der türkischen

Zwecks Ausschaltung eines „wirtschaftlichen Standbeins seines Erzfeindes"[46] vor dem Putschversuch im Sommer 2016 und bereits vor den Parlamentswahlen im Juni 2015 übernahm der TMSF 63 Prozent der Anteile der Bank *Asya*. Eine Woche vor den Parlamentswahlen am 7. Juni 2015 wurden die restlichen Anteile vom TMSF übernommen.[47].

Die damalige Beschlagnahmung der Bank *Asya* kam durch die institutionelle Zusammenarbeit der *Bankacılık Düzenleme ve Denetleme Kurumu* (BDDK: Bankverwaltungs- und Bankenaufsichtsbehörde) mit dem TMSF zustande. Die offiziell autonome, aber nach §3 BankG vom Ministerrat bestellte BDDK befand unmittelbar nach dem Zerwürfnis zwischen Gülen und Erdoğan, dass über 132 der insgesamt 185 privilegierten Anteilseigner der Bank *Asya* keine vollständigen Informationen vorlagen und somit Unklarheiten über die Eigentumsverhältnisse des Geldinstituts bestünden, weshalb diese sich für die Beschlagnahmung durch den TMSF entschied.[48]

Nach dem gescheiterten Putschversuch der „Gülenisten" vom 15. Juli 2016 wurde der Ausnahmezustand in der Türkei ausgerufen. Im weiteren Verlauf wurde im Rahmen der von der AKP betriebenen, großangelegten „Entgülenisierung" von Armee, Medien, Bildungssektor, Verwaltung, Polizei, Gerichtswesen und Wirtschaft mit Enteignungen von Firmen- und Privatvermögen, mit Schließungen von Einrichtungen, mit Entlassungen

---

Streitkräfte durch die Ergenekon- und Balyoz-Schauprozesse an ihre einflussreichen Positionen gelangten, von wo sie den Coup d'Etat durchführen konnten. (Vgl. Uludağ, Alican, Gülen TSK'ya nasıl sızdı?, in: Cumhuriyet (18.7.2016), online abrufbar: http://www.cumhuriyet.com.tr/haber/turkiye/569349/Gulen_TSK_ye_nasil_sizdi_.html, zuletzt abgerufen am 26.8.2016; Kasapoğlu, Çağıl, 15 Temmuz Darbe Girişiminin arkasında kim var?, in: BBC Türkçe (20.7.2016), online abrufbar: http://www.bbc.com/turkce/haberler-turkiye-36843901, zuletzt abgerufen am 26.8.2016).

46 Vgl. Nordhausen, Frank, Wie der Staat eine Bank zerstört, in: Frankfurter Rundschau (5.2.2015), online abrufbar: http://www.fr-online.de/politik/tuerkei-wieder-staat-eine-bank-zerstoert,1472596,29761208.html, zuletzt abgerufen am 10.2.2015.

47 Vgl. o.V., Bank Asya TMSF'ye devredildi, in Hürriyet (29.05.2015), online abrufbar: http://www.hurriyet.com.tr/bank-asya-tmsfye-devredildi-29145160, zuletzt abgerufen am 14.5.2016)

48 Vgl. o.V., TMSF Bank Asya'ya neden el koydu?, in: Sabah (4.2.2015), online abrufbar: http://www.sabah.com.tr/galeri/ekonomi/10-soruda-tmsf-bankasyaya-el-koydu#, zuletzt abgerufen am 26.8.2016.

und Festnahmen von als „Putschisten" geltenden, „Gülen-Anhängern" bzw. vermeintlich „Gülen-nahen" Personen begonnen[49] und auch die Bank *Asya* durch den TMSF aufgelöst[50] und von der BDDK mit einem Betätigungsverbot belegt.[51]

Nach Art. 19, 2 des Regierungsdekrets bzw. der Rechtsverordnung Nr. 674 vom 1. September 2016 gehen sämtliche Rechte der von den o.e. Friedensrichtern beorderten staatlichen Zwangsverwalter (*kayyım*) auf den TMSF über. Der TMSF erhält explizit und *de jure* das Recht auf die Verwaltung der mit Terrorismus in Verbindung gebrachten Unternehmen, sodass diese ursprünglich für die Stabilisierung des Finanzwesens institutionalisierte Behörde neuerliche für Firmen zuständig ist, die als „terroristisch" bzw. als „Terror-Unterstützer" gelten[52]. Diese politisch motivierte Übertragung von Machtbefugnissen signalisiert den künftigen Bedeutungszuwachs des TMSF und bestätigt die These von der Instrumentalisierung dieser Institution für wirtschaftsfremde Zwecke.

Fazit

Seit der Gründung der Republik Türkei streben die türkischen Regierungsträger den Aufbau eines stabiles und funktionierendes Finanzsystems an. Dieses sollte die sich entwickelnde türkische Wirtschaft unterstützen und die Entstehung der türkischen Bourgeoisie vorantreiben. Um das wirtschaftlich bedeutsame Vertrauen der Anleger zu gewinnen, wurde unter anderem

49 Vgl. Akyol, Mustafa, Turkey's Great Purge, in New York Times (23.8.2016), online abrufbar: http://www.nytimes.com/2016/08/24/opinion/turkeys-great-purge.html?_r=0, zuletzt abgerufen am 26.8.2016
50 Vgl. o.V., TMSF Bank Asya'yı kapattı, in Sabah (18.7.2016), online abrufbar: http://www.sabah.com.tr/ekonomi/2016/07/18/tmsf-bank-asyayi-kapatti, zuletzt abgerufen am 26.8.2016
51 Vgl. o.V., Bank Asya'nın Faaliyet izni kaldırıldı, in CNN Türk (23.7.16), online abrufbar: http://www.cnnturk.com/ekonomi/turkiye/bank-asyanin-faaliyet-izni-kaldirildi, zuletzt abgerufen am 26.8.2016
52 Vgl. o.V., Regierungsdekret Nr. 674 (Kanun Hükmünde Kararname) (1.9.2016), online abrufbar: http://www.resmigazete.gov.tr/eskiler/2016/09/20160901M2-2.pdf, zuletzt abgerufen am 3.9.2016; o.V., Kayyum atanan şirketler TMSF'ye devredilecek, in Yeni Şafak (2.9.2016), online abrufbar: http://www.yenisafak.com/ekonomi/kayyum-atanan-sirketler-tmsfye-devredilecek-2521123, zuletzt abgerufen am 3.9.2016

das System der Einlagensicherung (TMS: *Tasarruf Mevduatı Sigortası*) geschaffen, an dessen Optimierung stetig gearbeitet wurde. Schließlich wurde der Spareinlagensicherungsfonds (TMSF: *Tasarruf Mevduatı Sigorta Fonu*) institutionalisiert. Dieser besitzt rechtlich u. a. die Befugnis, Unternehmen zu beschlagnahmen, zu liquidieren und weiterzuverkaufen.

Nach der Übernahme der Regierungsschäfte durch die AKP im Jahr 2002 wurde das TMSF seinem ursprünglichen Zweck entfremdet und für politische Interessen der AKP-Regierung instrumentalisiert. In diesem Zusammenhang wurden oppositionelle Unternehmensgruppen beschlagnahmt und an regierungsnahe Familienclans und Unternehmen kostengünstig weiterverkauft. Diese wurde an den Beispielen der *Uzan-*, *Ciner-* und *Çukurova*-Gruppen sowie den Unternehmen von Mustafa Sarıgül und der Bank *Asya* verdeutlicht. Aus dieser Entwicklung ergaben sich die folgenden beiden Folgeerscheinungen: Einerseits wurde die türkische Bourgeoisie umstrukturiert und bekam unter den Schlagwörtern „*Yeşil Sermaye*" („Grünes Kapital") bzw. „*İslamî Sermaye*" („Islamisches Kapital") ein neues Gesicht. Andererseits wurde eine Anhäufung islamistischen Kapitals durch politisch-motivierte Enteignungen AKP-ferner Kreise vorangetrieben und dessen Position innerhalb der Türkei erheblich gestärkt.

Literaturverzeichnis

Akyol, Mustafa: Turkey's Great Purge, in New York Times (23.8.2016), online abrufbar: http://www.nytimes.com/2016/08/24/opinion/turkeys-great-purge.html?_r=0, zuletzt abgerufen am 26.8.2016.

Ateş, Toktamış u. Soyak, Alkan (1999): Cumhuriyet Dönemi İktisadi Yapı ve Finans Sistemi, in: Osmanlı'dan Günümüze Türk Finans Tarihi (Bd. 2). Istanbul, S. 5–208.

Ayhan, Rıza (1997): Tasarruf Mevduatı Sigortası ve Tasarruf Mevduatı Sigorta Fonu'nun Hukuki Niteliği, Gazi Üniversitesi Hukuk Fakültesi Dergisi, Vol. 1 (Nr. 2), S. 33–43, online abrufbar: http://webftp.gazi.edu.tr/hukuk/dergi/1_2_3.pdf, zuletzt abgerufen am 30.4.2016.

Ceylan, Eren: Das Medienimperium der AKP, in: Die Tageszeitung (3.5.2016), online abrufbar: http://www.taz.de/Pressefreiheit-in-der-Tuerkei/!5299193/, zuletzt abgerufen am 12.5.2016.

Çalışkan, Kerem: Erdoğan 10 yılda Medyayı nasıl teslim aldı?, in: Bağımsız (28.6.2013), 1/23, S. 8–17.

Erdin, Bora: Karamehmet'in Kimya Şirketi Yandaşa gitti, in: Sözcü (28.1.2016), online abrufbar: http://www.sozcu.com.tr/2016/ekonomi/karamehmetin-kimya-sirketi-yandasa-gitti-1064391/, zuletzt abgerufen am 12.5.2016.

Gözler, Kemal (2014): Sulh Ceza Hâkimlikleri ve Tabiî Hâkim ilkesi "Sahur Operasyonu" Hakkında Bir Açıklama, in: Güncel Hukuk, S. 46–49.

Gümüş, Burak (2016): Der türkische Hohe Rat für Richter und Staatsanwälte HSYK als politisches Instrument, in: Die Türkei im Spannungsfeld von Kollektivismus und Diversität. Junge Perspektiven der Türkeiforschung in Deutschland, hg. v. Burcu Doğramacı et al. Wiesbaden.

Gümüş, Burak (2013): Der türkische Star Açık Görüş. Ein offenes Forum für den medialen Diskurs oder Parteiorgan der AKP? Hamburg.

International Association of Deposit Insurers (IADI), Member Profile: Savings Deposit Insurance Fund of Turkey, a founding member of the IADI, 2010, online abrufbar: http://www.iadi.org/profiles/SDIF%20Profile%20for%20IADI.pdf, zuletzt abgerufen am 21.9.2015.

İlkin, Selim (1975): Türkiye'de Merkez Bankası Fikrinin Gelişimi, in: Türkiye İktisat Tarihi Semineri (Metinler/Tartışmalar: 8–10 Haziran 1973), hg. v. Osman Okyar, Ankara, S. 537–582.

İnalcık, Halil (1993): Osmanlı İmparatorluğu. Toplum ve Ekonomi. Istanbul, S. 31–65.

Joppien, Charlotte (2001): Die türkische Adalet ve Kalkınma Partisi (AKP). Eine Untersuchung des Programms »Muhafazakar Demokrasi«. Berlin.

Kasapoğlu, Çağıl: 15 Temmuz Darbe Girişiminin arkasında kim var?, in: BBC Türkçe (20.7.2016), online abrufbar: http://www.bbc.com/turkce/haberler-turkiye-36843901, zuletzt abgerufen am 26.8.2016.

Kazim, Hasnain: Türkei: Erdoğan-Gegner Sarıgül will Bürgermeister von İstanbul werden, in: Der Spiegel (28.3.2014), online abrufbar: http://www.spiegel.de/politik/ausland/tuerkei-erdogan-gegner-sariguel-will-buergermeister-von-istanbul-werden-a-960734.html, zuletzt abgerufen am 4.9.2014.

Nordhausen, Frank: Wie der Staat eine Bank zerstört, in: Frankfurter Rundschau (5.2.2015), online abrufbar: http://www.fr-online.de/politik/tuerkei-wie-der-staat-eine-bank-zerstoert,1472596,29761208.html, zuletzt abgerufen am 10.2.2015.

o.V., Bank Asya TMSF'ye devredildi, in: Hürriyet (29.5.2015), online abrufbar: http://www.hurriyet.com.tr/ekonomi/29145160.asp?noMobile=true, zuletzt abgerufen am 30.5.2015.

o.V., Bank Asya'nın Faaliyet izni kaldırıldı, in CNN Türk (23.7.2016), online abrufbar: http://www.cnnturk.com/ekonomi/turkiye/bank-asyanin-faaliyet-izni-kaldirildi, zuletzt abgerufen am 26.8.2016.

o.V., Bir devrin sonu, in: Sabah (15.2.2004), online abrufbar: http://arsiv.sabah.com.tr/2004/02/15/eko101.html, zuletzt abgerufen am 15.1.2015.

o.V., Çalık, Sabah ve atv'yi Kalyon Grubu'na sattı, in: Milliyet (21.12.2013), online abrufbar: http://www.milliyet.com.tr/calik-sabah-ve-atv-yi-kalyon/ekonomi/detay/1810508/default.htm, zuletzt abgerufen am 12.5.2016.

o.V., Ethem Sancak, Star'ın tek patronu oluyor, in: Vatan (9.5.2008), online abrufbar: http://www.gazetevatan.com/ethem-sancak--star-in-tek-patronu-oluyor-177479-ekonomi/, zuletzt abgerufen am 12.5.2016.

o.V., Karamehmet'i isyan ettiren hesap, in: Taraf (6.5.2014), online abrufbar: http://arsiv.taraf.com.tr/haber-karamehmeti-isyan-ettiren-hesap-153849/, zuletzt abgrufen am 12.5.2016.

o.V., Karamehmet'in Büyük Çöküşü, in: Telekomcular Derneği (31.10.2013), online abrufbar: http://www.telekomculardernegi.org.tr/haber-5077-karamehmet-acute-in-buyuk-cokusu.html, zuletzt abgerufen am 31.10.2013.

o.V., Kayyum atanan şirketler TMSF'ye devredilecek, in Yeni Şafak (2.9.2016), online abrufbar: http://www.yenisafak.com/ekonomi/kayyum-atanan-sirketler-tmsfye-devredilecek-2521123, zuletzt abgerufen am 3.9.2016

o.V., Regierungsdekret Nr. 674 (Kanun Hükmünde Kararname) (1.9.2016), online abrufbar: http://www.resmigazete.gov.tr/eskiler/2016/09/20160901M2-2.pdf, zuletzt abgerufen am 3.9.2016.

o.V., Show TV ile ilgili yeni gelişme. Mahkeme kararını verdi, in: Milliyet (5.6.2015), online abrufbar: http://www.milliyet.com.tr/show-tv-ile-ilgili-yeni-gelisme-/ekonomi/detay/2069870/default.htm, zuletzt abgerufen am 12.5.2016.

o.V., Star newspaper sold to KKTC business man, in: Hürriyet Daily News (26.1.2006), online abrufbar: http://www.hurriyetdailynews.com/star-newspaper-sold-to-kktc-businessman.aspx?pageID=438&n=star-newspaper-sold-to-kktc-businessman-2006-01-26, zuletzt abgerufen am 12.5.2016.

o.V., Star'da ortaklı yine değişti, in: Hürriyet (3.10.2014), online abrufbar: http://www.hurriyet.com.tr/starda-ortaklik-yine-degisti-27316114, zuletzt abgerufen am 14.5.2016.

o.V., Tasarruf Mevduatı Sigorta Fonu, online abrufbar: https://www.google.de/search?q=Tasarruf+Mevduat%C4%B1+Sigorta+Fonu&ie=utf-8&oe=utf-8&gws_rd=cr&ei=ssIlV-e1EIeR6ATila_QDA, zuletzt abgerufen am 30.4.2016.

o.V., TMSF atv ve Sabah'a el koydu, in: Hürriyet (3.4.2007), online abrufbar: http://www.hurriyet.com.tr/tmsf-atv-ve-sabaha-el-koydu-6248828?_sgm_campaign=scn_a004850058058000&_sgm_source=6248828&_sgm_action=click, zuletzt abgerufen am 14.5.2016.

o.V., TMSF Bank Asya'ya neden el koydu?, in: Sabah (4.2.2015), online abrufbar: http://www.sabah.com.tr/galeri/ekonomi/10-soruda-tmsf-bankasyaya-el-koydu#, zuletzt abgerufen am 26.8.2016.

o.V., TMSF Bank Asya'yı kapattı, in Sabah (18.7.2016), online abrufbar: http://www.sabah.com.tr/ekonomi/2016/07/18/tmsf-bank-asyayi-kapatti, zuletzt abgerufen am 26.8.2016.

o.V., TMSF Çukurova Grubu'na el koydu, Turkcell ne dedi?, in: Eko Ayrıntı (20.5.2013), online abrufbar: http://www.ekoayrinti.com/news_detail.php?id=121271, zuletzt abgerufen am 21.5.2013.

o.V., TMSF Sarıgül'ün malvarlığına el koydu, in: SoL Haber (17.1.2014), online abrufbar: http://haber.sol.org.tr/devlet-ve-siyaset/tmsf-sarigulun-tum-malvarligina-el-koydu-haberi-86111, zuletzt abgerufen am 4.9.2014.

Saraç, Tahir (2008): Tasarruf Mevduatı Sigorta Fonu Tarafından El Konulan Şirketlerde Tek Kişi ile Yapılan Genel Kurul Toplantılarının Geçerliliği Sorunu, in: Ankara Üniversitesi Hukuk Fakültesi Dergisi, Vol. 2 (Nr. 2), S. 165–192.

Seibert, Thomas: Erdoğan gibt Einflussnahme auf Medien zu, in: Tagesspiegel (12.2.2004), online abrufbar: http://www.tagesspiegel.de/politik/tuerkei-erdogan-gibt-einflussnahme-auf-medien-zu/9470106.html, zuletzt abgerufen am 12.5.2016.

Seufert, Günter (2013): Überdehnt sich die Bewegung von Fethullah Gülen? Eine türkische Religionsgemeinde als nationaler und internationaler Akteur, in: SWP-Studie, online abrufbar: https://www.swp-berlin.org/fileadmin/contents/products/studien/2013_S23_srt.pdf, zuletzt abgerufen am 15.5.2016.

Tezel, Yahya S. (2002): Cumhuriyet Döneminin İktisadi Tarihi, 5. Aufl. Istanbul.

Uludağ, Alican: Gülen TSK'ya nasıl sızdı?, in: Cumhuriyet (18.7.2016), online abrufbar: http://www.cumhuriyet.com.tr/haber/turkiye/569349/Gulen_TSK_ye_nasil_sizdi_.html, zuletzt abgerufen am 26.8.2016.

Yaylagül, Levent/ Dağtaş, Erdal, Medya Patronluğundan Başbakanlığa Yükselme İstekleri: Cem Uzan ve Genç Parti Örnek Olayı, CIM-Symposium. Istanbul, S. 481–493, online abrufbar: http://cim.anadolu.edu.tr/pdf/2004/1130848304.pdf, zuletzt abgerufen am 15.5.2016.

Yoldaş, Özlem B. U, Yoldaş, Yunus (2016): Entstehung der Zensur und ihre Praxis in der Türkei, ESBA, Vol. 7 (Nr. 1), S. 38–54, online abrufbar: http://www.esbadergisi.com/images/sayi12/entstehung_der_zensur_yunus_yoldas.pdf, zuletzt abgerufen am 21.5.2016.

Yüzgün, Arslan (1982): Cumhuriyet Dönemi Türk Banka Sistemi (1923–1981). Istanbul.

Über die AutorInnen

Dr. Meral Avci ist Postdoc am Lehr- und Forschungsgebiet Wirtschafts-informatik der Fakultät für Wirtschaftswissenschaften der RWTH Aachen. Sie promovierte zu den türkisch-deutschen Wirtschaftsbeziehungen in den Jahren von 1923 bis 1945. Ihr Spezialgebiet liegt auf der Geschichte der Türkei und auf Informations- und Kommunikationssystemen aus soziolo-gischer und historischer Perspektive.

Dr. Yaşar Aydın arbeitete nach seiner Promotion 2009 u. a. als wiss. Mit-arbeiter am HWWI – Hamburgisches Weltwirtschaftsinstitut, an der Uni-versität Hamburg und bei der SWP – Stiftung Wissenschaft und Politik (2013–2014); derzeit lehrt er an der HafenCity Universität Hamburg und Evangelischen Hochschule für Soziale Arbeit und Diakonie in Hamburg. Zu seinen Forschungsgebieten gehören: Migrations- und Türkeiforschung. Neben zahlreichen wissenschaftlichen Beiträgen in Fachzeitschriften und Sammelwerken ist er Autor von zwei Monographien und eines Sammel-bandes: Topoi des Fremden: Zur Analyse und Kritik einer sozialen Kon-struktion (UVK-Verlagsgesellschaft, 2009), »Transnational« statt »nicht integriert« Abwanderung türkeistämmiger Hochqualifizierter aus Deutsch-land (UVK-Verlagsgesellschaft, 2013) und Pop Kultur Diskurs: Zum Ver-hältnis von Gesellschaft, Kulturindustrie und Wissenschaft (Ventil Verlag, 2010). Zuletzt veröffentlichte er: „Die neue türkische Diasporapolitik" (SWP-Studien 2014/S 14, September 2014) und „The Germany-Turkey Migration Corridor: Refitting Policies for a Transnational Age" (Migration Policy Institute, 2016). Aydın schreibt regelmäßig zeitdiagnostische Beiträge zur türkischen (Hürriyet Daily News, Radikal, Bianet) und deutschen Zei-tungen (Der Freitag, Vorwärts.de). Kontakt E-Mail: Yasar.Aydin@gmx.de.

Prof. Dr. A. Baran Dural lehrt an der Fakultät der Wirtschaftswissenschaf-ten und Verwaltungswissenschaften der Universität Trakya in der Türkei. Neben zahlreichen Beiträgen in Fachzeitschriften ist er Autor nachfolgender Publikationen: "Tarihi Roman", "Turan İdealine Farklı Bir Bakış", "Siya-set Biliminde Kuram- Yöntem- Güncel Yaklaşımlar" "Onun Hikayesi", "Türk Muhafazakarlığı ve Nurettin Topçu", "His Story: Mustafa Kemal

and Turkish Revolution", "Türk Modernleşmesinde Temel Tartışmalar" ve
"Pratikten teoriye Milliyetçi Hareket-I/II", "Milliyetçiliğin Yakın Tarihi".

Prof. Dr. Wolfgang Gieler ist Politikwissenschaftler und Ethnologe, seit
2017 am Fachbereich Angewandte Sozialwissenschaften, Fachhochschule
Dortmund. Von 2002 bis 2017 in der Türkei an verschiedenen Universitäten als Professor für Interkulturelle und Internationale Studien beschäftigt. Zahlreiche weitere Lehr- und Forschungsaufenthalts im Ausland.
Beratungstätigkeiten u. a. für das Bundesministerium für wirtschaftliche
Zusammenarbeit und Entwicklung (BMZE) und politische Stiftungen. Zu
seinen Forschungsschwerpunkten zählen Südosteuropa, Naher und Mitt-
lerer Osten und die Türkei. Ausgewählte aktuelle Publikationen: „Der Nahe
und Mittlere Osten – Ein Staatenlexikon" (Frankfurt 2017), „Handbuch
Außenpolitik Nahost. Eine grundlegende Einführung in die Außenpolitik
der Staaten des Nahen und Mittleren Ostens" (Berlin 2015), „Die Klima-
politik der Türkei zwischen Anspruch und Wirklichkeit" (Berlin 2015),
„Jordanien. Eine Einführung in Politik und Gesellschaft unter besonderer
Berücksichtigung der Ära Abdullah II." (Berlin 2014), „Jahrbuch Türkei
2013. Die wichtigsten Ereignisse des Jahres aus Politik, Wirtschaft, Gesell-
schaft und Justiz" (Bonn 2014), „Konflikte der türkischen Gesellschaft.
Hintergründe der Proteste um den GeziPark" (Bonn 2013), „Der Fall Hrant
Dink. Fünf Jahre danach" (Berlin 2013).

Assoz. Prof. Dr. Burak Gümüş, Studium der Soziologie und Politikwissen-
schaft und Dissertation über die „Revitalisierung des Alevitentums" in Kon-
stanz. Gümüş hat neben Artikeln und Büchern über die Alevitenfrage auch
Analysen über die AKP veröffentlicht. Seit 2012 lehrt er als Assoziierter
Prof. Dr. (Doç. Dr.) in der Sektion Politik- und Sozialwissenschaften an der
Fakultät für Wirtschafts- und Verwaltungswissenschaften an der Trakya-
Universität (Edirne/Türkei) in „Einführung in die Politikwissenschaft I/II".
Seine E-Mail-Anschrift ist burak.guemues@gmail.com.

Dr. Dilek Yankaya ist Dozentin an der Sciences Po Paris, assoziierte For-
scherin von CERI und Autorin von „Die neue islamische Bourgeoisie: das
türkische Modell (2013)". Ihr Buch wurde von der Comité France 2013
ausgezeichnet und im Jahr 2014 ins Türkische übersetzt. Sie promovierte
in Politikwissenschaften 2011 am Sciences Po Paris mit einer Arbeit über

die Mobilisierung islamischer Netzwerke durch Geschäftsleute der Mittelschicht. Sie ist Autorin von zahlreichen Artikeln in Governance, European Journal of Turkish Studies und Anatoli, ihre Forschungsgebiete umfassen insbesondere Wirtschaftspolitik und transnationale Geschäftsnetze im Nahen Osten.

Dr. Martin Schwarz, Studium Politikwissenschaft, Wirtschaftswissenschaften und Neuere Geschichte in Siegen; Promotion zur „Transnationalen Kooperation: Der Ostseerat und die Subraumpolitik der Europäischen Union" in Vechta. Schwarz hat neben Artikeln zu ausgewählten Policyfeldern der Europäischen Union zuletzt auch Analysen über das Amt des deutschen Bundespräsidenten veröffentlicht. Seine Arbeitsschwerpunkte sind neben der Europäischen Integrationsgeschichte vor allem transnationale und -regionale Kooperationsformen in Europa sowie die politische Kulturanalyse in Bezug auf die politischen Systeme Deutschlands und der USA. Seine E-Mail-Anschrift lautet martin.schwarz@uni-vechta.de.

Assoz. Prof. Dr. Fahri Türk, studierte Politikwissenschaften an der Freien Universität Berlin und promovierte über die deutsche Rüstungsindustrie in ihren Türkeigeschäften 1871–1914 am Otto-Suhr-Institut Berlin 2006. Türk arbeitet als Dozent an der Universität Trakya (Dr. Hab.; Doç. Dr.; Asssoz. Prof. Dr.), Fachbereich Internationale Beziehungen, in Edirne/Türkei. Seine Arbeitsschwerpunkte sind Zentralasien, Kaukasus, Außenpolitik der Türkei in Bezug auf Zentralasien, Kaukasus und Nahost, deutsch-türkische Beziehungen.